Sub Tuum praesidium Immaculata

Padre Gabriele Maria Roschini O. S. M.

Chi è Maria?
Catechismo mariano

a cura di Carlo Di Pietro

Prima edizione 2017
Collana *Mariologia*

a cura di Carlo Di Pietro
revisione di Maria Alfonsina Torre

PADRE GABRIELE MARIA ROSCHINI
(1900–1977)
Ordine dei Servi di Maria (O. S. M.)

CHI È MARIA? CATECHISMO MARIANO
Edizioni consultate:
• Roma, 1944, Pia Società San Paolo
Ex parte Ordinis nihil obstat quominus imprimatur, Romae, die 24 Martii
1944, Fr. *Alphonsus M. Benetti*, O.S.M. Prior Generalis
Imprimatur, Alba, 29 Marzo 1944, Can. *Pasquale Gianolio*, Vic. Gen.

SURSUM CORDA
C.da Piancardillo, snc - 85010 Pignola (PZ)
Sito: *https://www.sursumcorda.cloud/*
E-mail: *editoria@sursumcorda.cloud*
ISBN: 978-88-900747-6-9

Prefazione

Non sono mancati, in questi ultimi anni, alcuni tentativi di *Catechismi Mariani*[1]. Essi difettano, tuttavia, a mio modesto avviso, di due qualità indispensabili in un lavoro del genere: completezza ed organicità. Non vi è di che meravigliarsi, se si riflette che il *Catechismo* è il lavoro più difficile che esista, poiché richiede un pieno possesso della materia. È per ovviare a questi difetti che, pregato da più parti, mi sono deciso a scrivere questo *Catechismo Mariano*. L'ho chiamato *Catechismo*, poiché vuol essere esposizione chiara, ordinata e sintetica di tutto ciò che riguarda la storia, il dogma ed il culto Mariano, secondo la forma classica di domande e risposte. Avverto però che la parola *Catechismo*, in questo caso almeno, non è affatto sinonimo di insegnamento elementare e per bambini. Esso, quindi, può andare

---

1 *I principali lavori di questo genere sono: Bosio A. da Trobaso O. F. M., Catechismo Mariano. Trattato di Mariologia. Venezia, Libr. Emiliana Editrice, 1931. — La Vierge Marie, petite Somme Mariale a cura dell'Institut des petits Frères de Marie, Lione, 1937. — Petit Catéchisme sur la Sainte Vierge, Lione 1933, nella collezione «Ecole libre». — Martinoli G., La Madonna, Lezioni Catechistiche, Lugano-Massagno, 1941. — Tonolo F., .Breviario della Madonna, ossia Breve Catechismo Mariano, Milano, Op. della Regalità di N. S. Gesù Cristo.*

anche tra le mani degli adulti, ossia, di tutti coloro che vogliono procurarsi una cultura sinteticamente completa intorno alla Vergine SS. È perciò una piccola *Somma Mariana*. Per venire poi in aiuto a chi dovrà spiegare agli altri questo *Catechismo Mariano*, ho corredato le varie parti e le varie questioni di alcune note bibliografiche[2]. Un più ampio sviluppo delle varie questioni appena toccate in questo *Catechismo* si potrà trovare nel mio volume di *Istruzioni Mariane*, in corso di stampa. Confido che questo lavoro di sintesi, penetrando in tutti gli Istituti religiosi, in tutte le associazioni di *Azione Cattolica*, e, possibilmente, in tutte le famiglie cristiane, contribuirà non poco a far conoscere, in tutta la sua fulgida luce, la Vergine SS. ed a farla sempre più amare, venerare e imitare.

---

2   *Una ricchissima fonte di dottrina e d'informazione Mariologica si può trovare nella Rivista Marianum (Ephemerides Mariologiæ) edita fin dal 1939 dai Servi di Maria del Collegio Internazionale S. Alessio Falconieri, Viale Trenta Aprile, numero 6, Roma. Annotazione aggiornata al 1944, ndR.*

Necessità dello studio di Maria[3]

1 - 5

1. *È necessario conoscere la Madonna?*

Dopo la conoscenza di N. S. G. Cristo, la conoscenza più necessaria è quella che riguarda la Madonna.

2. *Perché è necessario conoscere la Madonna?*

È necessario conoscere la Madonna perché un cristiano deve conoscere almeno quello che è essenziale al cristianesimo. E la Madonna non è qualcosa di accessorio, ma è qualcosa di essenziale al cristianesimo.

3. *In che senso la Madonna è essenziale al Cristianesimo?*

La Madonna è essenziale al Cristianesimo nel senso che rientra nella sostanza stessa di esso, essendo il Cristianesimo la religione del Figlio di Maria. Per questo la Vergine SS. è posta come nel cuore del nostro *Credo* o *Simbolo degli Apostoli* con quelle parole: «Si è incarnato (il Verbo) per opera dello Spirito Santo *da Maria Vergine*». Senza Maria

---

3   Cfr. *Roschini G. M., Mariologia, Vol. 1, Introductio in Mariologiam., Ed. Ancora, 1941*

quindi il Cristianesimo rimane inconcepibile. Per questo il *Marianismo* è una nota, quantunque negativa, della vera Chiesa, nel senso che dove non vi è il culto Mariano non vi è neppure la vera Chiesa Cristiana[4].

4. *Vi è anche qualche altro motivo che ci spinge a conoscere la Madonna?*

Sì, vi è anche un altro motivo, ed è che la Madonna, per libera disposizione divina, ha un influsso singolarissimo sulla nostra vita spirituale e sulla nostra eterna salvezza. La Chiesa infatti la invoca come «vita, dolcezza e speranza nostra»[5].

5. *Perché la conoscenza della Madonna si è resa sempre più necessaria ai nostri tempi?*

La conoscenza della Madonna si è resa sempre più necessaria ai nostri tempi perché sono incomparabilmente più tristi, per molte ragioni, di tutti i tempi passati, e perciò sentiamo maggiormente il bisogno dell'aiuto di Colei che è stata costituita da Dio la perenne nemica di Satana, la «vincitrice di tutte le battaglie di Dio»[6], Colei che «fin dal primo istante della sua esistenza ebbe da Dio il potere e la missione di schiacciare il capo a Satana»[7].

---

4   *Cfr. Billot, De Verbo Incarnato, thes. 41, 1941.*
5   *Antif. Salve Regina.*
6   *Papa Pio XII, nel Radiomessaggio al Portogallo, 31 ottobre 1942.*
7   *Papa Pio IX, nella preghiera: «Circondate, ecc...».*

Fonti

6 - 8

6. *Dove è contenuta la dottrina sulla Madonna?*

La dottrina sulla Madonna è contenuta nel deposito della Rivelazione, custodito ed esposto dal Magistero Ecclesiastico, ossia, nella S. Scrittura e nella Tradizione.

7. *Sono molti i luoghi della S. Scrittura nei quali si parla di Maria SS.?*

I luoghi della S. Scrittura nei quali si parla direttamente della Vergine SS. non sono molti, sono però più che sufficienti per fornirci la più alta idea di lei. Basterebbero le parole: «Colei dalla quale è nato Gesù» (S. Matteo I, 16).

8. *Quali sono i principali Padri, Dottori e Scrittori Mariani?*

I principali Padri *Mariani* sono: S. Efrem Siro (306-373), S. Epifanio (c. 315-402), S. Cirillo di Alessandria (+ 444), S. Germano (+ 733), e S. Giovanni Damasceno (c. + 749) tra gli Orientali; S. Ambrogio (+ 397), S. Girolamo (+ 420), S. Agostino (+ 430) e S. Ildefonso di Toledo (+ 669) tra gli Occidentali. I principali Dottori *Mariani* sono: S. Beda V. (+

735), S. Pier Damiani (1007-1072), S. Anselmo (1033-1109), S. Bernardo (1090-1153), S. Bonaventura (1221-1274), S. Tommaso d'Aquino (1235-1274), S. Alberto Magno (+ 1280), S. Pietro Canisio (1521-1597), S. Roberto Bellarmino (1542-1621), S. Francesco di Sales (1567-1622) e S. Alfonso M. de' Liguori (1696-1787). I principali Scrittori *Mariani* sono: Riccardo da San Lorenzo (c. + 1245), Raimondo Giordano (+ 1381), S. Bernardino da Siena (+ 1444), Dionisio Certosino (+ 1471), S. Lorenzo da Brindisi (1619), il P. Francesco Poiré S. I. (+ 1637), il P. Giustino Miechow O. P. (+ 1642), il P. Giov. Batt. Novati (+ 1648), il P. Bartolomeo de los Rios O. S. A. (+ 1652), il P. Dionisio Petavio S. I. (+ 1652), il P. Giorgio De Rhodes S. I. (1661), il P. Teofilo Raynaud S. I. (+ 1663), il P. Cristoforo Vega S. I. (+ 1672), il P. Vincenzo Contenson O. P. (+ 1674), il P. Ippolito Marracci (+ 1675), S. Giovanni Eudes (+ 1680), il P. Luigi d'Argentan (+ 1680), il P. Paolo Segneri S. I. (+ 1694), G. Benigno Bossuet (+ 1704), il B. Grignion de Montfort (+ 1716), il P. Giov. Cris. Trombelli (+ 1784), il Ven. Guglielmo Chaminade (+ 1850), Rohault de Fleury (+ 1875), il P. Carlo Passaglia S. I. (+ 1887), Augusto Nicolas (+ 1888), Augusto Roskovàny (+ 1892), il Card. Alessio M. Lépicier O. S. M. (+ 1936) ecc.

I princìpi della dottrina Mariana[8]

9 - 15

9. *Quali sono i princìpi sui quali si basa tutta la dottrina Mariana?*

I princìpi sui quali si basa tutta la dottrina *Mariana* sono cinque: uno primario e quattro secondari.

10. *Qual è il principio primario?*

Il principio primario sul quale si basa tutta la dottrina *Mariana* è questo: «Maria SS. è Madre di Dio e Mediatrice dell'uomo». Questo principio, infatti, esprime l'essenza stessa di Maria, la sua missione, ossia la ragione di essere della sua esistenza. Da esso perciò si deducono, e ad esso si riducono, tutte le varie conclusioni *mariologiche*.

11. *Quali sono i quattro princìpi secondari?*

I quattro principi secondari sul quali si basa la dottrina *Mariana*, derivanti tutti dal principio primario, sono: 1) Il principio di *singolarità*; 2) Il principio di *convenienza*; 3) Il principio di *eminenza*; 4) Il principio di *analogia* o

---

8   Cfr. Roschini G. M., *Mariologia*, p. I, pagg. 429-480.

somiglianza con Cristo.

12. *Come si enunzia il principio di singolarità?*

Il principio di singolarità si enunzia così: «Essendo la Vergine SS. una creatura del tutto singolare, costituente un ordine a parte, giustamente rivendica a sé privilegi del tutto singolari i quali a nessun'altra creatura possono convenire».

13. *Come si enunzia il principio di convenienza?*

Il principio di convenienza si enunzia così: «Si debbono attribuire alla Vergine SS. tutte quelle perfezioni che convengono realmente alla dignità di Madre di Dio e Mediatrice dell'uomo, purché abbiano qualche fondamento nella rivelazione e non siano contrarie alla fede ed alla ragione». Questo principio si fonda sul fatto che quando Iddio elegge uno ad una missione, gli dà anche tutti quegli aiuti che lo rendono atto, idoneo a compierla.

14. *Come si enunzia il principio di eminenza?*

Il principio di eminenza si enunzia così: «Tutti i privilegi di natura, di grazia e di gloria concessi da Dio agli altri Santi, li dovette concedere in qualche modo anche alla Vergine SS., Regina dei Santi». Questo principio si fonda sulla incomparabile superiorità di Maria nei riguardi di tutti gli altri Santi, presi non solo singolarmente, ma anche tutti insieme.

15. *Come si enunzia il principio di analogia o somiglianza con Cristo?*

Il principio di analogia o somiglianza con Cristo si enunzia così: «Ai vari privilegi dell'umanità di Cristo, corrispondono nella Vergine SS. analoghi privilegi, a seconda della condizione dell'uno e dell'altra». Questo principio è basato sulla qualità di Madre di Dio e di Compagna di Cristo in tutta l'opera della redenzione. La madre, infatti, assomiglia al figlio e la compagna al compagno.

Vantaggi e Divisione[9]

16 - 19

16. *Quali sono i principali vantaggi dello studio di Maria?*

I principali vantaggi dello studio di Maria sono tre, vale a dire: esso ci facilita: 1) La conoscenza e l'amore di Dio; 2) La conoscenza e l'amore di Gesù Cristo; 3) La conoscenza e l'amore della Vergine SS. Questi vantaggi rendono lo studio di Maria sommamente delizioso.

17. *Come bisogna studiare per ottenere i suddetti vantaggi?*

Per ottenere i suddetti vantaggi è necessario studiare la Vergine SS. : 1) Con amore; 2) Con diligenza; 3) Con metodo.

18. *Che cosa si richiede per avere un'idea meno inadeguata di Maria?*

Per avere un'idea meno inadeguata di Maria si richiede che Essa venga considerata nella sua storia, nel suo dogma e nel suo culto.

---

9   Cfr. Roschini G. M., *Mariologia*, Vol. 1, *Introductio in Mariologiam*. Ed. Ancora, 1941

19. *In quante parti si può quindi dividere il Catechismo Mariano?*

Il *Catechismo Mariano* si può dividere in tre parti, vale a dire: 1) *Storia di Maria*; 2) *Dogma Mariano*; 3) *Culto Mariano*.

Storia di Maria[10]

20 - 53

20. *In quanti periodi si può dividere la storia di Maria?*

La storia di Maria Santissima si può logicamente dividere in due grandi periodi: 1) Dalla nascita all'Annunciazione; 2) Dall'Annunciazione all'Assunzione.

21. *Da quale stirpe discende Maria?*

Maria discende dalla regale stirpe di David, quantunque i suoi parenti, per un rovescio di fortuna, fossero decaduti dall'antica grandezza.

22. *Chi furono i genitori della Madonna?*

I genitori della Madonna furono due santissimi personaggi chiamati - come ci riferisce l'antica tradizione - Giovacchino ed Anna.

---

10   *I lavori migliori sulla vita di Maria sono: Willam F. M., Vita di Maria, la Madre di Gesù, Brescia, Morcelliana, 1937 — Beaufays F., O. F. M. La Vergine SS. nell'ambiente palestinese, Ed. II; 1941 Roma, Pia Società S. Paolo. — Pazzaglia L., O. S. M., Colei che si chiama Maria, Torino L. I. C. E., 1943.*

23. *Nel concepimento della Madonna avvenne qualche miracolo?*

Secondo l'antica tradizione, la madre della Madonna, S. Anna, essendo sterile, concepì miracolosamente la sua impareggiabile bambina.

24. *Dove nacque Maria?*

Non si sa nulla di certo. Tre luoghi si contendono l'onore di averle dato i natali: Sèfori, Nazareth e Gerusalemme. La sentenza più comune è in favore di Gerusalemme.

25. *Quando nacque la Madonna?*

Non si conosce né l'anno preciso né il giorno della sua nascita. È assai probabile che sia nata verso l'anno 753 di Roma (21 av. Cristo).

26. *Quale nome fu imposto alla Madonna?*

Alla Madonna venne imposto, non senza ispirazione divina, il nome di Maria, che significa *Signora*, oppure, *amata da Dio*. È un nome quindi che dobbiamo pronunziare con rispetto, con fiducia e con amore, essendo il nome più grande, più potente e più amabile dopo quello di Gesù.

27. *Dove trascorse la sua adolescenza la Madonna?*

La Madonna - secondo un'antichissima tradizione - trascorse

la sua adolescenza nei recinti del Tempio di Gerusalemme, in una vita di preghiera e di lavoro.

28. *Che cosa fece la Madonna uscita dal Tempio?*

La Madonna, quando uscì dal Tempio, verso l'età di 15 anni, si fidanzò con S. Giuseppe, uomo giustissimo, anch'egli della famiglia di David.

29. *Che cosa è l'Annunciazione?*

È l'annunzio che Dio fece a Maria, per mezzo dell'Arcangelo Gabriele, della sua elevazione alla missione di Madre di Dio e di Mediatrice degli uomini.

30. *Come avvenne l'Annunciazione?*

Il modo con cui avvenne l'Annunciazione ci vien descritto da S. Luca così: «L'Angelo Gabriele fu mandato da Dio in una città della Galilea chiamata Nazareth, ad una Vergine fidanzata a Giuseppe della casa di David. Ed entrato l'Angelo da Lei, le disse: "Dio ti salvi, o piena di grazia, il Signore è con te, tu sei benedetta fra le donne". Maria si turbò a tali parole e pensava che sorta di saluto fosse quello. E l'Angelo disse: "Non temere, o Maria, poiché hai trovato grazia presso Dio. Avrai un figlio e gli porrai nome Gesù. Egli sarà grande, e verrà chiamato Figliolo dell'Altissimo... ed il suo regno non avrà mai fine". Maria chiese all'Angelo: "In che modo avverrà questo?...". E l'Angelo rispose: "Lo Spirito Santo scenderà sopra di te e la virtù dell'Altissimo ti coprirà della sua ombra. Ed ecco che Elisabetta tua parente ha concepito da sei mesi un figlio nella sua vecchiaia, poiché nulla è impossibile a Dio". E Maria disse: "Ecco l'Ancella del Signore, si faccia di me secondo la tua parola"» (S. Luca I, 27 ss.).

31. *Dove si portò la Madonna subito dopo l'Annunciazione?*

Subito dopo l'Annunciazione la Madonna lasciò Nazareth e si portò in una montagna della Giudea per far visita alla sua parente S. Elisabetta vicina a dare alla luce il Precursore di Cristo, S. Giovanni Battista.

32. *Come avvenne l'incontro di Maria con S. Elisabetta?*

L'incontro, secondo il racconto che ce ne fa S. Luca, avvenne così: «La Madonna salutò S. Elisabetta. Questa poi, non appena vide la Madonna, illuminata dallo Spirito Santo, esclamò: "Benedetta tu fra le donne, e benedetto il frutto del tuo seno! E donde a me questo che la madre del mio Signore venga da me? Poiché ecco che appena il suono del tuo saluto giunse alle mie orecchie, balzò per giubilo nel mio seno il bambino. Tu beata perché hai creduto, poiché si adempiranno le cose dette a te dal Signore!"» (S. Luca, I, 39 ss.).

33. *Che cosa rispose la Madonna alle parole di lode di Elisabetta?*

Alle parole di lode di Elisabetta, la Madonna rispose esaltando il Signore con il mirabile cantico *Magnificat*. In esso predice l'universalità del suo culto dicendo: «Poiché Iddio ha riguardato la bassezza della sua serva, ecco che fin da questo momento tutte le genti mi chiameranno beata!».

34. *Quanto tempo rimase la Madonna, presso S. Elisabetta?*

Vi rimase tre mesi, fino cioè alla nascita del Battista, quindi fece ritorno a Nazareth.

35. *Che cosa avvenne dopo il ritorno di Maria a Nazareth?*

Dopo il ritorno di Maria a Nazareth avvenne il turbamento di S. Giuseppe il quale non riusciva a spiegare la maternità di Maria sua fidanzata, e perciò pensava di rimandarla presso i suoi. Ma, assicurato in sogno da un angelo intorno alla concezione verginale del Redentore, la prese con sé come sposa.

36 *Che cosa avvenne mentre si attendeva la nascita di Gesù?*

Mentre si attendeva la nascita di Gesù venne un'ordine dell'Imperatore romano, a cui era soggetta la Giudea, che prescriveva il censimento di tutti i Giudei, da farsi nel loro paese di origine. E siccome la Madonna e S. Giuseppe erano originari di Betlemme, si videro costretti a recarsi in questa città per il censimento.

37. *Che cosa avvenne al loro arrivo a Betlemme?*

Giunti a Betlemme, Maria e Giuseppe chiesero ospitalità

in un povero albergo. Ma, non avendo trovato posto, si videro costretti a rifugiarsi in una grotta. Qui vide la luce Gesù, il Redentore del mondo. La Madonna lo avvolse in poveri panni, lo pose in una mangiatoia e l'adorò.

38. *Quali prodigi avvennero alla nascita di Gesù?*

Avvennero vari prodigi: Un Angelo avvertì alcuni pastori della nascita del Redentore e li invitò ad adorarlo. Una schiera di Angeli, unitisi all'Angelo suddetto, cantò: «Gloria a Dio nel più alto dei cieli e pace in terra agli uomini di buona volontà». Una stella guidò poi i Re Magi dall'oriente fin presso il neonato per adorarlo ed offrirgli i tre doni: Oro, Incenso, Mirra, riconoscendolo così vero Re, vero Dio e vero Uomo.

39. *Che cosa avvenne otto giorni dopo la nascita di Gesù?*

Otto giorni dopo la nascita di Gesù - secondo quanto prescriveva la legge - avvenne la circoncisione di Lui e l'imposizione del nome di Gesù, che significa *Salvatore*.

40. *Che cosa avvenne quaranta giorni dopo la nascita di Gesù?*

Quaranta giorni dopo la nascita di Gesù - secondo quanto prescriveva la legge - avvenne la sua presentazione al Tempio, essendo egli il primogenito, e la purificazione legale della sua SS. Madre. Ella vi si sottomise, quantunque non vi fosse obbligata, non essendo una Madre comune.

41. *Che cosa avvenne in occasione della Presentazione di Gesù al Tempio e della Purificazione?*

In occasione della presentazione di Gesù al Tempio e della Purificazione, avvenne la celebre profezia del santo Vecchio Simeone, il quale, ispirato dall'alto, rivolto a Maria, le disse: «Ecco che questi (Gesù) è posto per rovina e per resurrezione di molti in Israele, e per segno di contraddizione: e l'anima tua stessa sarà trapassata da una spada» (S. Luca II, 28 ss.). Prediceva in tal modo l'acerba Passione del Figliuolo e la non meno acerba partecipazione della Madre.

42. *La Sacra Famiglia rimase poi a lungo a Betlemme?*

No, la Sacra Famiglia, dopo il rito della purificazione, non rimase a lungo a Betlemme, poiché dovette fuggire - dietro l'avviso di un Angelo - in Egitto, onde salvare il Bambino Gesù dalla crudele persecuzione di Erode (detto *il grande*) che aveva ordinato l'uccisione di tutti i bambini maschi di Betlemme e dintorni, dai due anni in giù, onde sopprimere in tal modo il re dei Giudei di cui gli avevano parlato i Magi.

43. *Quanto tempo rimase la S. Famiglia in Egitto?*

La S. Famiglia rimase in Egitto fino alla morte di Erode (S. Matteo II, 19). Non conoscendosi però con precisione la morte di Erode, non si può determinare il tempo preciso della dimora della S. Famiglia in Egitto.

44. *La S. Famiglia ritornata dall'Egitto rimase poi sempre a Nazareth?*

La S. Famiglia ritornata dall'Egitto rimase sempre a Nazareth, fino all'inizio della vita pubblica di Gesù. Ogni anno però si recava a Gerusalemme, per adorarvi Iddio nel Tempio. Giunto a dodici anni, vi andò anche Gesù. Ma, al ritorno, rimase a Gerusalemme senza che Maria e Giuseppe se ne accorgessero. Alla sera, si avvidero dello smarrimento di Gesù. Fecero tosto ritorno a Gerusalemme, straziati dal dolore, e dopo tre giorni di ansiose ricerche lo ritrovarono nel Tempio che disputava coi Dottori della legge.

45. *Che cosa fece la Madonna a Cana, all'inizio della vita pubblica di Gesù?*

All'inizio della vita pubblica di Gesù, la Vergine SS., invitata ad un banchetto di nozze che si celebrava a Cana di Galilea, ottenne da Gesù con le sue preghiere il miracolo della trasformazione dell'acqua in vino, il primo fra i tanti miracoli operati da Gesù (S. Giovanni II, 1 ss.).

46. *Che cosa fece la Madonna durante i tre anni della vita pubblica di Gesù?*

Durante i tre anni della vita pubblica di Gesù, la Madonna seguì per lo più in ispirito le varie vicende tristi e liete dell'Apostolato di Gesù, e comparve a volte in mezzo alle turbe (S. Matteo XII, 7, 46 ss.).

47. *Che cosa fece la Madonna durante la Passione di Gesù?*

La Madonna, avvertita dell'ignominioso tradimento, della cattura e dell'iniqua condanna del suo divino Figliolo, andò ad incontrarlo sulla via del Calvario, e assistette poi intrepida alla sua crocifissione, morte e sepoltura. Ivi Gesù, prima di morire, nella persona di S. Giovanni, la proclamò Madre spirituale di tutti gli uomini (S. Giovanni XIX, 27).

48. *A chi apparve prima che ad ogni altro Gesù risorto?*

È opinione comune, appoggiata sulla tradizione e sullo stesso buon senso, che Gesù, appena risorto, apparve prima che ad ogni altro alla sua SS. Madre. Con ogni probabilità le apparve poi più volte durante i quaranta giorni che rimase qui sulla terra prima di ascendere al Cielo.

49. *Assistette anche la Madonna all'Ascensione di Cristo sul monte degli Olivi?*

Quantunque il Vangelo non lo dica, è più che ovvio supporre che la Madonna, insieme agli Apostoli, abbia assistito sul monte degli Olivi alla gloriosa Ascensione del suo Figlio.

50. *Che cosa fece la Madonna dopo l'Ascensione di Gesù?*

Subito dopo l'Ascensione di Gesù, la Madonna si ritirò con gli Apostoli nel cenacolo per aspettare, nel raccoglimento dell'orazione, la promessa discesa dello Spirito Santo in forma visibile, avvenuta dieci giorni dopo, il dì della Pentecoste.

51. *Quanto tempo rimase ancora sulla terra la Madonna dopo l'Ascensione di Cristo?*

Non si sa di preciso. Si sa però che in quegli anni Ella invigilò, quale Madre amorosa, le sorti della Chiesa, sostenendo e confortando con la sua dolcissima presenza e coi suoi esempi i primi fedeli.

52. *Morì la Madonna?*

Secondo l'opinione comune, la Madonna, per assomigliare al suo divin Figlio, morì[11] a Gerusalemme o ad Efeso. Morì però non di malattia, ma in un'estasi di amore.

53. *La Madonna fu assunta al Cielo in Anima e Corpo?*

Sì, (...) la Madonna, poco dopo la sua morte, risuscitò e fu assunta in Cielo, ove, tra l'indicibile esultanza di tutta la corte Celeste, venne coronata Regina della Terra e del Cielo.

---

11   La «Munificentissimus Deus», di papa Pio XII, si limita a proclamare il dogma dell'Assunzione: «(...) l'immacolata Madre di Dio sempre vergine Maria, terminato il corso della vita terrena, fu assunta alla gloria celeste in anima e corpo». Il Pontefice cita ancora, come «esempio insigne», il Sacramentario che papa Adriano I, d'immortale memoria, mandò all'imperatore Carlo Magno. In esso si legge: «Degna di venerazione è per noi, o Signore, la festività di questo giorno, in cui la santa Madre di Dio subì la morte temporale, ma non poté essere umiliata dai vincoli della morte colei che generò il tuo Figlio, nostro Signore, incarnato da lei» (Sacramentarium Gregorianum), ndR.

Il Dogma mariano

54 - 55

54. *Che cosa si richiede per conoscere bene il Dogma Mariano?*

Per conoscere bene il Dogma Mariano, ossia le varie verità riguardanti la Vergine SS., è necessario considerare la Madonna nella singolare missione che ricevette da Dio e nei singolarissimi privilegi a Lei concessi in vista appunto della sua missione.

55. *In quante sezioni, quindi, si può dividere questa seconda parte del Catechismo Mariano?*

Questa seconda parte del *Catechismo Mariano* si può dividere logicamente in due sezioni, vale a dire: 1) La singolarissima missione di Maria; 2) I suoi singolarissimi privilegi.

INVENIETIS INFANTEM PANNIS INVOLUTUM, ET
POSITUM IN PRÆSEPIO

La predestinazione di Maria[12]

56 - 64

56. *A quale missione venne destinata da Dio la Madonna?*

La Madonna venne destinata all'altissima e singolarissima missione di Madre di Dio e di Mediatrice degli uomini.

57. *Per conoscere bene questa singolarissima missione di Maria, in che modo deve essere considerata?*

Per conoscere bene la singolarissima missione di Maria, essa va considerata in quattro modi: 1) Nella sua *predestinazione*; 2) Nella sua *predizione profetica*; 3) Nella sua *attuazione*; 4) Nella sua immediata conseguenza, ossia, nella *dignità regale* che una tale missione conferiva a Maria.

58. *Che cosa significa la parola predestinazione?*

La parola *predestinazione* significa quell'atto eterno con cui Dio ha preordinato tutto ciò che, mediante la Sua grazia divina, avrebbe dovuto verificarsi nel tempo.

59. *Esiste la predestinazione?*

---

12   *Cfr. Roschini G. M., Mariologia, T. II, pagg. 9-73.*

Sì, la predestinazione esiste, poiché nulla avviene nel tempo che non sia stato ordinato da Dio fin dell'Eternità.

60. *Quali sono le caratteristiche della predestinazione di Maria alla sua singolarissima missione?*

Le prerogative della predestinazione di Maria alla sua singolarissima missione di Madre di Dio e di Mediatrice degli uomini furono principalmente quattro, vale a dire la predestinazione di Maria fu : 1) *Singolarissima*, e quindi diversa da quella di tutti gli altri predestinati; 2) *Anteriore* a quella di tutti gli altri; 3) *Concausa* di quella di tutti gli altri; 4) *Gratuita*.

61. *Che cosa s'intende dire quando si asserisce che la predestinazione di Maria alla sua missione fu singolarissima?*

Allorché si asserisce che la predestinazione della Vergine SS. alla sua missione di Madre di Dio e di Mediatrice degli uomini fu *singolarissima*, s'intende dire che essa fu diversissima da quella di tutti gli altri, perché fu predestinazione ad una missione singolarissima, e perciò tutta sua propria. Mentre, quindi, tutti gli altri vengono predestinati alla gloria eterna, la Vergine SS. venne predestinata alla singolarissima missione di Madre di Dio e di Mediatrice degli uomini, e, conseguentemente, a quel singolarissimo grado di grazia e di gloria degno della sua singolarissima missione.

62. *Che cosa s'intende dire quando si asserisce che la predesti-*

nazione di Maria alla sua singolarissima missione fu anteriore a quella di tutti gli altri?

Allorché si asserisce che la predestinazione di Maria alla sua singolarissima missione fu *anteriore* (logicamente e non già cronologicamente) a quella di tutti gli altri predestinati, s'intende dire che la Vergine SS., insieme a Cristo (quantunque non alla pari), fu voluta da Dio - a nostro modo d'intendere - prima di tutte le altre creature dell'universo, di modo che tutte le altre creature o cose furono volute o permesse da Dio in vista e per la gloria di Cristo e di Maria, scopo di tutta la creazione.

63. *Che cosa s'intende dire quando si asserisce che la predestinazione di Maria alla sua singolarissima missione fu concausa della predestinazione di tutti gli altri?*

Allorché si asserisce che la predestinazione di Maria alla sua singolarissima missione fu *concausa* della predestinazione di tutti gli altri, s'intende dire che essa è causa secondaria (insieme con Cristo, causa primaria) efficiente ossia meritoria, esemplare e finale di tutti gli eletti alla gloria eterna. È causa *efficiente* o *meritoria*, poiché tutti gli eletti furono da Dio predestinati alla gloria in vista dei meriti di Gesù Mediatore e di Maria Mediatrice. È causa *esemplare*, perché prototipo, dopo Cristo, della predestinazione degli altri. È causa *finale*, perché tutti gli eletti sono stati predestinati al cielo per la gloria di Cristo e di Maria, come loro regale corteo.

64. *Che cosa s'intende dire quando si asserisce che la predestinazione di Maria alla sua singolarissima missione fu gratuita?*

Allorché si asserisce che la predestinazione di Maria alla sua singolarissima missione fu *gratuita*, s'intende dire che la Vergine SS. non meritò, propriamente parlando, la elezione alla sua singolarissima missione e conseguentemente all'altissimo grado di gloria che ora gode nel Cielo. Ciò nonostante, si può, e si deve, ritenere che la Madonna, con la perfetta corrispondenza a quella grazia che ricevette dal Signore in vista della sua singolarissima missione, si rese degna della medesima e quindi, in certo qual modo, la meritò.

Maria nella predizione profetica[13]

65 - 70

65. *La singolarissima missione alla quale fu predestinata Maria venne predetta, prima che venisse attuata?*

Sì, la singolarissima missione alla quale fu predestinata Maria, venne più volte predetta prima ancora che fosse attuata. Queste profezie furono come il tratto d'unione fra l'atto eterno di Dio predestinante la Vergine alla sua singolare missione e l'attuazione della medesima nel tempo.

66. *Come si dividono le profezie riguardanti Maria SS.?*

Le profezie riguardanti Maria SS. si dividono in due classi: profezie *dirette* e profezie *indirette*. Le prime sono quelle che vengono espresse direttamente con le parole; le seconde, invece, sono quelle che vengono espresse direttamente con le cose ed indirettamente con le parole significanti le cose.

67. *Quali sono le principali profezie dirette riguardanti la Vergine SS.?*

Le principali profezie *dirette* riguardanti la Vergine SS. sono:

---

13   *Cfr. Roschini G. M., Mariologia, T. II, pagg. 86-179.*

1) Il Protovangelo in cui si ha l'annunzio dell'Uomo - Dio Mediatore e della Madre di Dio Mediatrice, annunzio fatto da Dio subito dopo la caduta dei nostri progenitori (Genesi III, 15); 2) Il vaticinio di Isaia intorno al segno della Vergine che doveva partorire l'Emanuele, ossia *Dio con noi* (Isaia VII, 14); 3) Il vaticinio di Isaia intorno alla verga della radice di Iesse (Isaia XI, 1); 4) Il vaticinio di Michea intorno alla donna che avrebbe partorito a Betlemme (Michea V, 2-4); 5) Il vaticinio di Geremia intorno alla donna che avrebbe circondato l'uomo (Geremia XXXI, 22); 6) La sposa del Cantico dei Cantici, come espressione metaforica di Maria.

68. *Quali sono le principali profezie indirette riguardanti la Vergine SS.?*

Le principali profezie *indirette* riguardanti la Vergine SS. sono costituite dalle seguenti figure e simboli: 1) *Figure*: Eva, Sara, Rachele, Rebecca, Ester, Giuditta, Abigail, la Madre dei Maccabei, Betsabea, ecc.; 2) *Simboli*: Il Paradiso terrestre, l'Arca di Noè, la Scala di Giacobbe, il Roveto ardente, la Verga di Mosè, la Verga di Aronne, il bianco Vello di Gedeone, l'Arca del Testamento, la Rupe del deserto, ecc.: figure e simboli che riscontriamo nelle pagine rivelate, ossia nelle Ss. Scritture dell'Antico Testamento.

69. *Che cosa esprimono tutte queste profezie dirette e indirette?*

Tutte queste profezie, dirette e indirette, esprimono la singolare missione di Maria o i vari singolari privilegi a

Lei concessi da Dio in vista di questa missione.

70. *Perché Iddio volle tutte queste profezie?*

Iddio volle sapientemente preannunciarci la singolare missione di Maria e le sue singolari prerogative onde disporre gli uomini ad ammettere una missione di così eccezionale grandezza non appena essa sarebbe stata attuata.

La missione di Maria nella sua attuazione

71 - 72

71. *Quando si attuò nel tempo la singolarissima missione di Maria?*

La singolarissima missione di Maria si attuò formalmente nel tempo allorché, nel dì dell'Annunciazione, dopo che Le fu resa nota dall'Angelo la missione alla quale era stata destinata da Dio, pronunziò il suo memorabile *Fiat* (= sia fatto). In quel momento infatti Ella divenne Madre di Dio e Mediatrice degli uomini.

72. *È certo che la Madonna SS. è - secondo che era stata predestinata e predetta - vera, Madre di Dio e vera Mediatrice degli uomini?*

È certissimo che la Vergine SS. divenne vera Madre di Dio e vera Mediatrice degli uomini, secondo che era stata predestinata e predetta. Le prove sono evidenti.

La Madre di Dio[14]

73 - 79

73. *Quali sono le prove per dimostrare che Maria SS. è vera Madre di Dio?*

Le prove per dimostrare che Maria SS. è vera Madre di Dio vengono desunte dalla Sacra Scrittura e dalla Tradizione.

74. *Come si prova, con la Sacra Scrittura, che la Vergine SS. è vera Madre di Dio?*

La Sacra Scrittura ci dice esplicitamente che la Vergine SS. è vera Madre di Gesù (S. Matteo II, 2, ecc.) e che Gesù è vero Dio. Ci dice dunque implicitamente che Ella è vera Madre di Dio. Ma ci dice ciò anche esplicitamente, riferendo l'esclamazione di S. Elisabetta, sotto l'influsso dello Spirito Santo: «E donde a me che la Madre del mio Signore (ossia, del mio Dio) venga da me?» (S. Luca I, 43).

75. *Come si prova, con la Tradizione, che la Vergine SS. è vera Madre di Dio?*

Tutta la Tradizione cristiana, dagli Apostoli fino ai nostri

---

14   Cfr. Roschini G. M., *Mariologia*, T. II, pagg. 179-269.

tempi, ha professato sempre, senza interruzione, questa solenne e fondamentale verità, come ne è prova la storia del Cristianesimo.

76. *In quale senso preciso la Vergine SS. viene detta vera Madre di Dio?*

La Vergine SS. viene detta vera Madre di Dio non già nel senso che abbia generato la Divinità, ma nel senso che ha generato una Persona Divina (la persona del Verbo, la seconda Persona della SS. Trinità) secondo la natura umana.

77. *È cosa conveniente che una donna diventi Madre di Dio?*

La ragione stessa ci dice che è cosa convenientissima che una donna diventi Madre di Dio, poiché in tale fatto risplendono vivamente la sapienza, la giustizia e la bontà di Dio.

78. *Vi sono stati degli eretici che hanno negato questa grande verità?*

Sì, vari eretici la negarono sia direttamente che indirettamente (ossia, negando o la Divinità o l'Umanità di Gesù). La negò direttamente, nel secolo quinto, Nestorio, condannato solennemente dal Concilio di Efeso (a. 431).

79. *Quali sono per Maria le conseguenze della sua Divina Maternità?*

Le conseguenze della Divina Maternità sono per Maria

incalcolabili. La Divina Maternità, infatti, la eleva ad un'altezza vertiginosa e la colloca subito dopo Dio, nella vasta scala degli esseri, facendola appartenere all'*ordine ipostatico* (in quanto che per Lei, ed in Lei il Verbo si unì ipostaticamente - cioè *personalmente* - con la natura umana), ordine superiore all'ordine della natura, della grazia e della gloria. Per questo i Padri e gli Scrittori della Chiesa hanno quasi esaurito i vocabolari per esaltarla, senza però riuscire a lodarla come si conviene. La sua grandezza confina coll'infinito.

La Mediatrice degli uomini[15]

80 - 82

80. *Che cosa significa Mediatrice degli uomini?*

Mediatrice degli uomini significa che la Vergine SS.: 1) *Sta come in mezzo* tra Dio e gli uomini; 2) Li *congiunge*.

81. *In che modo la Vergine SS. può dirsi Mediatrice, se uno soltanto - secondo S. Paolo - è il Mediatore tra Dio e gli Uomini, Gesù Cristo?*

La Mediazione di Maria non toglie affatto che Cristo sia l'unico Mediatore tra Dio e gli uomini, poiché è una Mediazione secondaria, subordinata a quella di Cristo e trae tutta la sua efficacia dalla Mediazione di Lui, la quale, anziché abbassata ed offuscata, viene così maggiormente illustrata ed esaltata.

82. *In quanti modi la Vergine SS. è Mediatrice tra Dio e gli uomini?*

---

15   *Cfr. Roschini G. M., Mariologia, T. II, pagg. 272-296. Bover G., S. I , Media-zione universale di Maria — Catechismo popolare. Traduzione dallo Spagnolo per cura del Sac. G. B., Padova, tip. del Seminario, 1929.*

In tre modi la Vergine SS. è Mediatrice tra Dio e gli uomini, vale a dire: 1) Riconciliandoli con Dio (*Corredentrice*); 2) Rigenerandoli, conseguentemente, alla vita soprannaturale della grazia (*Madre spirituale degli uomini*); 3) Presentando a Dio i desideri degli uomini e trasmettendo agli uomini i benefici di Dio (*Dispensatrice di tutte le grazie*).

La Corredentrice del genere umano[16]

83 - 87

83. *Che cosa significa il titolo di Corredentrice del genere umano?*

Il titolo di *Corredentrice del genere umano* significa che la Vergine SS. ha cooperato con Cristo alla nostra riparazione, come Eva aveva cooperato con Adamo alla nostra rovina.

84. *Quali sono le prove per dimostrare che la Vergine SS. è vera Corredentrice degli uomini?*

Le prove per dimostrare che la Vergine SS. è vera Corredentrice degli uomini, vengono desunte dalla S. Scrittura e dalla Tradizione.

85. *Come si prova, con la S. Scrittura, che la Vergine SS. è vera Corredentrice degli uomini?*

La S. Scrittura prova una tale verità con le parole del Protovangelo (Genesi III, 15): «Io porrò inimicizie fra te (il demonio) e la donna (Maria), tra la discendenza tua e la discendenza di Lei (Cristo). Essa ti schiaccerà il capo e

---

16   *Cfr. Roschini G. M., Mariologia, T. II, pagg. 297-479.*

tu tenderai insidie al suo calcagno». Con queste parole, infatti, la Vergine SS., quale nuova Eva, venne associata da Dio stesso a Cristo, nuovo Adamo, nella lotta e nel trionfo sopra il serpente infernale, il demonio. La S. Scrittura, inoltre, ci presenta la Vergine SS. nell'Annunciazione in atto di acconsentire liberamente a diventare, con Cristo Mediatore, la Mediatrice degli uomini nell'opera della loro salvezza, poiché Iddio volle che la nostra salvezza dipendesse dal consenso di una donna all'angelo della luce, come la nostra rovina dipese dal consenso di un'altra donna all'angelo delle tenebre. La S. Scrittura, infine, ci attesta che la Vergine SS. fu presente al Sacrificio del Figlio là sul Calvario, intimamente unita al Medesimo, poiché rinunziò ai suoi materni diritti su quella vittima e in tal modo la immolò per la nostra redenzione, soddisfacendo con Cristo Redentore al peccato e meritandoci tutte le grazie della Redenzione.

86. *Come si prova, con la Tradizione, che la Vergine SS. è Corredentrice del genere umano?*

Tutta la Tradizione, dagli Apostoli ad oggi, ci attesta che la Vergine SS. fu la riparatrice di Eva, fu la causa della nostra salvezza, meritò e soddisfece per il peccato originale, riaprendoci così le porte del Cielo.

87. *Era conveniente che la Vergine SS. venisse unita come Corredentrice al Redentore, nell'opera della nostra Redenzione?*

Era convenientissimo che la Vergine SS. venisse unita

quale Corredentrice al Redentore, nell'opera della nostra salvezza, perché in tale unione rifulge la sapienza e la giustizia divina, facendo sì che la donna, la quale era stata causa e fonte di maledizione, divenisse anche causa e fonte di benedizione.

La Madre spirituale degli uomini[17]

88 - 92

88. *Che cosa significa il titolo di Madre spirituale degli uomini?*

Il titolo di *Madre spirituale degli uomini* significa che la Vergine SS. ha cooperato con Cristo, come Madre, alla nostra rigenerazione alla vita soprannaturale della grazia, perduta col peccato.

89. *Quali sono le prove per dimostrare che la Vergine SS. è vera Madre spirituale degli uomini?*

Le prove per dimostrare che la Vergine SS. è vera Madre spirituale degli uomini vengono desunte dalla S. Scrittura e dalla Tradizione.

90. *Come si prova, con la S. Scrittura che la Vergine SS. è vera Madre spirituale degli uomini?*

La S. Scrittura prova una tale verità in forza del principio, tanto inculcato da S. Paolo, della nostra incorporazione spirituale a Cristo, per la quale, noi formiamo con Lui, nostro capo, un solo corpo mistico (Romani XII, 5). Orbene, le membra ven-

---

17   *Cfr. Roschini G. M., Mariologia, T. II, pagg. 479-520.*

gono concepite e nascono dalla medesima madre insieme col capo. Tutti gli uomini, dunque, quali *mistiche membra di Cristo*, insieme con Lui, nostro Capo, vennero concepite e nacquero da Maria: vennero concepite misticamente il dì dell'Annunciazione, allorché concepì fisicamente il nostro capo, Gesù; e nacquero sul monte Calvario nell'istante stesso della morte di Gesù nostro capo, allorché si compì - secondo il decreto Divino - la Redenzione del genere umano, iniziatasi a Nazaret col *Fiat* di Maria. Per questo, proprio sul Calvario, poco prima di morire, Gesù proclamò solennemente la Maternità spirituale ed universale di Maria con le parole: «Ecco il tuo figlio!» - «Ecco la Madre tua!» (S. Giovanni XIX, 26-27).

91. *Come si prova con la Tradizione che la Vergine SS. è Madre spirituale degli uomini?*

Tutta la Tradizione Cristiana, dagli Apostoli ai nostri giorni, ha proclamato nei modi più vari, più dolci e melodiosi la spirituale Maternità di Maria.

92. *Era conveniente che la Vergine SS. venisse costituita da Dio Madre spirituale degli uomini?*

Si, poiché l'ordine soprannaturale è analogo all'ordine naturale, procedendo l'uno e l'altro dalla stessa mente divina. Orbene, come nell'ordine naturale Iddio ci ha dato sapientemente una madre, così era convenientissimo che ci desse anche una Madre nell'ordine soprannaturale, avendone noi un grande bisogno durante tutto il tempo della nostra vita terrena.

La Dispensatrice di tutte la grazie[18]

93 - 97

93. *Che cosa significa il titolo di Dispensatrice di tutte le grazie?*

Il titolo di *Dispensatrice di tutte le grazie* significa che Iddio, per sua libera disposizione, ha voluto che tutte e singole le grazie, le quali discendono dal Cielo sopra la terra, passino per le mani di Maria, ossia, siano concesse in vista dei suoi meriti e dietro la sua intercessione.

94. *Quali sono le prove per dimostrare che la Vergine SS. è vera Dispensatrice di tutte le grazie?*

Le prove per dimostrare che la Vergine SS. è vera *Dispensatrice di tutte le grazie* vengono desunte dalla S. Scrittura e dalla Tradizione.

95. *Come si prova con la S. Scrittura che la Vergine SS. è vera Dispensatrice di tutte le grazie?*

La S. Scrittura prova una tale verità col Protovangelo (Genesi III, 15) secondo il quale la Mediatrice viene unita al Mediatore in tutta l'opera della nostra salvezza, che abbraccia

---

18   Cfr. Roschini G. M., *Mariologia, T. II, pagg. 520-558.*

non soltanto l'acquisto di tutte le grazie, ma anche l'applicazione o distribuzione delle medesime. Inoltre, alcuni fatti riferiti dal Vangelo (la santificazione del Battista, il miracolo delle nozze di Cana e la discesa dello Spirito Santo sugli Apostoli nel dì della Pentecoste), presi nel loro insieme, sono eloquenti indizi che rilevano la legge generale stabilita da Dio, secondo la quale tutte le grazie giungono all'uomo attraverso Maria.

96. Come si prova con la Tradizione che la Vergine SS. è vera Dispensatrice di tutte le grazie?

Tutta la Tradizione cristiana, dagli Apostoli ad oggi, proclama in modo implicito ed anche esplicito la legge secondo la quale Dio ha voluto che noi avessimo tutto per le mani di Maria. Essa è il *collo* attraverso il quale passano tutti gli influssi del capo, ossia, Cristo. Essa è il *canale* attraverso il quale passano tutte le acque della grazia derivanti dalla fonte, ossia da Cristo.

97. Era conveniente che la Vergine SS. venisse costituita da Dio Dispensatrice di tutte le grazie?

Era convenientissimo che la Vergine SS. venisse costituita da Dio dispensatrice di tutte le grazie, poiché tale ufficio è una logica conseguenza del suo ufficio di Corredentrice e di Madre spirituale degli uomini. Avendo cooperato, infatti, come Corredentrice, all'acquisto di tutte le grazie della Redenzione, era ben giusto che cooperasse anche alla distribuzione delle medesime. Avendoci rigenerato, quale Madre, alla vita soprannaturale della grazia, era ben giusto che cooperasse al progressivo sviluppo di tale vita, in tutti ed in ciascuno in particolare, con la distribuzione di tutte e singole le grazie divine.

La Regalità di Maria[19]

98 - 103

98. *Qual è la conseguenza più immediata della singolarissima missione di Maria?*

La conseguenza più immediata della singolarissima missione di Maria è la sua regalità, essendo essa una missione essenzialmente regale. La Madre di Dio e la Mediatrice degli uomini non poteva non essere Regina dell'Universo.

99. *Che cosa significa il titolo di Regina dell'universo?*

Il titolo di *Regina dell'universo* significa che la Vergine SS., insieme con Cristo Re, ha un vero primato di eccellenza e di potenza su tutte le creature, su tutti i membri della società. Ad essa quindi compete tutta la dignità insieme a tutti i poteri propri di una Regina, vale a dire, un *fastigio personale* singolarissimo, poiché su di Lei si riflette spontaneamente tutto il fulgore della dignità del Re dei Re, ed un *potere intercessionale efficacissimo*, poiché ottiene sempre dal Re dei Re tutto ciò che domanda.

---

19   *Cfr. Roschini G. M., Mariologia, T. II, pagg. 558-577 — Idem, Per la Regalità di Maria, Roma, 1943 — Luis A., C., SS. R., La Realeza de Maria, Madrid, 1942. È la monografia più chiara e più completa che abbiamo sull'argomento.*

100. *Quali sono le prove per dimostrare che la Vergine SS. è vera Regina dell'universo?*

Le prove per dimostrare che la Vergine SS. è vera Regina dell'universo vengono desunte dalla S. Scrittura e dalla Tradizione.

101. *Come si prova con la S. Scrittura che la Vergine SS. è Regina dell'universo?*

La S. Scrittura prova una tale verità presentandoci la Vergine SS. come vera Madre del Re dei Re e perciò stesso Regina. Parlandole infatti l'Angelo del Figlio che Ella avrebbe concepito e dato alla luce, le dice: «E il Signore Iddio gli darà il trono di David padre suo, e regnerà in eterno nella casa di Giacobbe» (S. Luca I, 32-33). Da S. Elisabetta poi vien salutata: «Madre del mio Signore» (S. Luca I, 43), ossia, del mio Re, e quindi Regina. Come Regina poi era stata prefigurata nell'Antico Testamento da Betsabea, madre del Re Salomone (III Reg. II, 19-20)[20] e da Ester, sposa del Re Assuero (v. Ester). Come Regina che siede alla destra del Re venne predetta da David nel Salmo XLIV (10-18).

---

20 *Terzo Libro dei Re ossia, secondo gli Ebrei, primo Libro dei Re. Capitolo II, cito: «Ultime raccomandazioni di Davide». Traduzione del passo tratta dalla Bibbia annotata dall'Abate Giuseppe Ricciotti: «Venne dunque Betsabea al re Salomone per parlargli in favore di Adonia. Il re si alzò per andarle incontro, le s'inchinò e si pose a sedere sul suo trono e fece mettere un trono per la madre del re, la quale si assise alla sua destra e gli disse: "Ho una piccola domanda a farti. Non coprire di confusione la mia faccia". Le disse il re: "Chiedi, madre mia, perocché non è giusto che io abbia a stornar da me la tua faccia"» (I Re II, 19-20), ndR.*

102. *Come si prova con la Tradizione che la Vergine SS. è vera Regina dell'universo?*

La Tradizione è unanime intorno alla regalità di Maria. Essa è il tema prediletto dei Santi Padri e degli Scrittori della Chiesa, sia orientali che occidentali.

103. *Quali sono i titoli di Maria alla Regalità?*

I titoli di Maria alla Regalità sono due: il *diritto naturale*, essendo Ella Madre di Dio, Re dei Re; e il *diritto acquisito*, avendoci Ella riconquistati con Cristo, liberandoci dalla schiavitù del demonio.

I privilegi riguardanti l'anima di Maria

104 - 118

104. *Furono molti e singolari i privilegi concessi da Dio alla Vergine SS. in vista della sua singolarissima missione?*

I privilegi concessi da Dio alla Vergine SS. in vista della sua singolarissima missione furono molti e singolari.

105. *Quali furono questi privilegi?*

1) Alcuni di questi privilegi riguardano l'anima di Maria; 2) Altri riguardano il suo corpo; 3) Ed altri infine riguardano insieme sia l'anima che il corpo.

106. *Quali furono i privilegi riguardanti l'anima di Maria?*

I privilegi riguardanti l'anima di Maria possono ridursi a due: L'esenzione da ogni imperfezione morale ed una relativa pienezza di ogni perfezione morale.

107. *Quali furono le imperfezioni morali dalle quali fu esente l'anima di Maria?*

Le imperfezioni morali dalle quali fu esente la Vergine SS.

sono: l'immunità dal peccato originale, dal fomite della concupiscenza e dal peccato attuale.

108. *Che cosa significa immunità dalla colpa originale ossia l'Immacolata Concezione?*

L'immunità dalla colpa originale, ossia l'Immacolata Concezione[21], significa che la Vergine SS., fin dal primo istante della sua personale esistenza (ossia, fin dal primo istante in cui l'anima sua fu unita al corpo) venne preservata da Dio, in previsione dei meriti di Gesù suo Figliuolo, dall'incorrere la colpa d'origine, quella colpa che anche Ella avrebbe dovuto contrarre per ragione della sua naturale discendenza da Adamo. Così definì solennemente Pio IX l'8 dicembre 1854[22].

109. *Come si prova questo singolare privilegio della Vergine SS.?*

Questo singolare privilegio della Vergine SS. si prova sia con la Sacra Scrittura che con la Tradizione.

---

21   *Cfr. Roschini G. M., Mariologia, T. III, pagg. 10-111.*

22   *L'Ineffabilis Deus è la Bolla con la quale papa Pio IX proclama l'8 dicembre 1854 il dogma dell'Immacolata Concezione di Maria. Cito: «(...) con l'autorità di Nostro Signore Gesù Cristo, dei Santi Apostoli Pietro e Paolo e Nostra, dichiariamo, affermiamo e definiamo rivelata da Dio la dottrina che sostiene che la beatissima Vergine Maria fu preservata, per particolare grazia e privilegio di Dio onnipotente, in previsione dei meriti di Gesù Cristo Salvatore del genere umano, immune da ogni macchia di peccato originale fin dal primo istante del suo concepimento, e ciò deve pertanto essere oggetto di fede certo ed immutabile per tutti i fedeli. Se qualcuno dunque avrà la presunzione di pensare diversamente da quanto è stato da Noi definito (Dio non voglia!), sappia con certezza di aver pronunciato la propria condanna, di aver subìto il naufragio nella fede, di essersi separato dall'unità della Chiesa (...)», ndR.*

110. *Come si prova con la Sacra Scrittura il privilegio dell'Immacolata Concezione?*

La S. Scrittura prova l'Immacolata Concezione col Protovangelo e con le parole rivolte dall'Angelo a Maria. Nel Protovangelo infatti (Genesi III, 15) viene solennemente preannunciata una *speciale* e *illimitata inimicizia*, una *opposizione piena e continua* fra il diavolo, ossia il peccato, e la donna predetta, ossia la Madonna (quella medesima opposizione che vi sarebbe stata fra il diavolo e Cristo). Orbene, quella opposizione non sarebbe stata *piena e continua* se, sia pure per un istante della sua esistenza, la Vergine SS. fosse stata soggetta al peccato originale, ossia al diavolo. Inoltre: nel Protovangelo viene predetta una piena vittoria della donna sul demonio. Orbene, tale vittoria non sarebbe stata piena se il demonio, sia pure per un solo istante, avesse trionfato su di Lei col peccato. Nel Protovangelo, quindi, è contenuta implicitamente la verità dell'Immacolata Concezione. Ma un tale singolare privilegio è contenuto implicitamente anche nel saluto rivolto dall'Angelo a Maria: «Ave, o piena di grazia, il Signore è con te, tu sei benedetta fra le donne!» (S. Luca I, 28 ss.). La Vergine SS. viene proclamata quindi: 1) Piena di grazia; 2) Congiunta con Dio; 3) Benedetta fra le donne, sempre, senza limite di tempo: cosa impossibile se in Lei, sia pure per un solo istante, vi fosse stato il peccato, il quale: 1) È opposto alla grazia; 2) Disgiunge da Dio; 3) Ed è fonte di maledizione.

111. *Come si prova con la Tradizione il privilegio dell'Immaco-*

lata Concezione?

La Tradizione cristiana ha riconosciuto sempre in modo implicito e poi in modo sempre più esplicito questo insigne *privilegio mariano*. L'ha riconosciuto in modo implicito, specialmente nei primi secoli, e poi in modo sempre più esplicito questo insigne *privilegio mariano*. L'ha riconosciuto in modo implicito acclamando la Vergine nuova Eva, vera e degna Madre di Dio, dotata di una purezza singolarissima, ecc. L'opposizione che ebbe questo *privilegio* da parte di alcuni insigni Dottori non servì ad altro che a farlo sempre più risplendere e ad attirare su di esso la considerazione dei fedeli e dei dotti.

112. *È possibile conciliare questo insigne privilegio con l'universalità della Redenzione di Cristo?*

È possibilissimo conciliare questo insigne privilegio con l'universalità della redenzione di Cristo se si tiene presente che la Redenzione può essere di due specie: *liberativa* (ossia, rialzando uno dopo che è caduto) e *preservativa* (ossia impedendo che cada). La Vergine SS. fu redenta con redenzione preservativa e perciò in modo più sublime, affinché poi potesse cooperare col Redentore divino alla redenzione liberativa di tutti gli altri uomini.

113. *È conveniente un così singolare privilegio per Maria SS.?*

Un così insigne privilegio è convenientissimo per Maria SS., poiché senza di esso non sarebbe stata una *degna Madre di Dio*, dal momento che l'ignominia della Madre si sarebbe necessariamente riflettuta sul Figlio. Inoltre, senza un tale privilegio, non sarebbe stata una *degna Corredentrice del genere umano*, poiché in qual modo avrebbe potuto degnamente cooperare a rialzare gli altri dalla caduta se essa stessa fosse stata soggetta alla medesima ignominia?

114. *Che cosa s'intende per fomite della concupiscenza?*

Per fomite della concupiscenza s'intende quella spinta al male, quella disordinata inclinazione dell'appetito sensitivo al piacere, sia lecito che illecito, inclinazione che assai spesso previene la ragione e ne contrasta l'impero. È una delle tristi conseguenze del peccato originale, il quale ha rotto in noi l'armonia che Iddio aveva posto tra l'appetito sensitivo e l'appetito razionale, ossia la volontà.

115. *Per quale motivo la Vergine SS. fu immune dal fomite della concupiscenza?*

Il motivo per cui la Vergine SS. fu immune[23] dal fomite della concupiscenza è la sua immunità dal peccato originale, di cui il fomite è una tristissima conseguenza. Nella Vergine SS., quindi, vi fu sempre la più piena, completa armonia, interna ed esterna, mai turbata da alcun movimento disordinato.

116. *La Vergine SS. fu sempre immune da qualsiasi peccato attuale?*

---

23   Cfr. Roschini G. M., *Mariologia*, T. III, pagg. 111-119.

Sì, la Vergine SS. fu sempre immune[24] da qualsiasi peccato attuale, come ha creduto sempre la Chiesa e come ha dichiarato esplicitamente il Concilio di Trento (Sess. VI, Can. 23)[25], fulminando l'anatema a chiunque nega una tale verità, ritenuta «dalla Chiesa».

117. *Per quali ragioni la Vergine SS. fu immune da qualsiasi peccato attuale?*

La Vergine SS., secondo S. Tommaso, fu immune da qualsiasi peccato attuale per tre ragioni: 1) Perché Madre del Figlio di Dio, su cui si sarebbe riflettuta la sua ignominia; 2) Perché strettamente unita a G. Cristo, col quale non può essere legato Belial, ossia il peccato (II Corinzi VI, 15); 3) Perché fu l'abitazione della Sapienza divina la quale non entra mai in un corpo soggetto al peccato (Sapienza I, 4): «La sapienza non entra in un'anima che opera il male, né abita in un corpo schiavo del peccato».

118. *Quali cose concorsero a rendere moralmente impossibile nella Vergine SS. qualsiasi peccato?*

Tre cose concorsero a rendere moralmente impossibile alla Vergine SS. qualsiasi peccato, vale a dire: 1) Una speciale Provvidenza di Dio che vegliava per tenerle lontane le occasioni; 2) La pienezza di grazia e di aiuti di cui Dio

---

24   Cfr. Roschini G. M., *Mariologia, T. III, pagg. 119-133.*

25   *Cito: «Se qualcuno afferma che l'uomo, una volta giustificato, non può più peccare, né perdere la grazia, e che quindi chi cade e pecca, in realtà non mai è stato giustificato; o, al contrario, che si può per tutta la vita evitare ogni peccato, anche veniale, senza uno speciale privilegio di Dio, come la Chiesa ritiene della beata Vergine: sia anatema», ndR.*

la favoriva; 3) L'esenzione dal fomite della concupiscenza per cui le passioni non prevenivano mai la ragione. Per questi motivi la vita di Maria in terra fu come quella dei Beati in Cielo.

Le perfezioni di cui fu ripiena l'anima di Maria

119 - 129

119. *L'anima della Vergine SS. fu piena di grazia fin dal primo istante della sua esistenza?*

Sì, l'anima della Vergine SS. fu piena di grazia[26] fin dal primo istante della sua esistenza.

120. *Quale grado di grazia ricevette in quell'istante l'anima di Maria?*

L'anima di Maria ricevette in quell'istante un grado di grazia certamente superiore a quello ricevuto da qualsiasi Santo, anzi da tutti i Santi (compresi gli Angeli); e con ogni probabilità fu superiore anche al grado di grazia di tutti i Santi insieme, al termine della loro esistenza terrena. La grazia iniziale di Maria quale Madre di Dio e Mediatrice degli uomini, paragonata con quella di tutti i Santi, è come un sole rispetto al raggio, come un oceano rispetto ad una goccia.

121. *L'immensa grazia concessa da Dio all'anima della Vergine fin dal primo istante della sua esistenza crebbe poi durante la vita?*

---

26   Cfr. Roschini G. M., *Mariologia*, T. III, pagg. 151-186.

Sì, l'immensa grazia concessa da Dio all'anima della Vergine fin dal primo istante della sua esistenza crebbe di continuo, fino al termine della sua vita terrena, sia mediante il continuo esercizio di opere buone sia mediante alcuni Sacramenti, quali il Battesimo e l'Eucaristia.

122. *In qual modo la grazia dell'anima di Maria poté crescere di continuo, se fin dal primo istante della sua esistenza fu già piena di grazia?*

La grazia dell'anima di Maria poté crescere di continuo, nonostante che fin dal primo momento della sua esistenza fosse già piena di grazia, perché insieme alla grazia cresceva in Lei di continuo anche la capacità di riceverla.

123. *La Vergine SS. fu anche piena di virtù, di doni, di beatitudini e di frutti dello Spirito Santo?*

Sì, la Vergine SS. fu anche piena[27] di virtù, dei doni, delle Beatitudini e dei Frutti dello Spirito Santo, poiché tutte queste forme soprannaturali accompagnano sempre la grazia di cui Maria fu piena, costituendo così la sua corte.

124. *Quali virtù ebbe la Vergine SS.?*

La Vergine SS. ebbe in sommo grado tutte le virtù *convenienti alla sua condizione*, vale a dire le *virtù teologali* e le *virtù morali*, come appare da alcuni brevi, ma eloquenti tratti evangelici.

---

27   Cfr. Roschini G. M., *Mariologia, T. III, pagg. 186-216.*

125. *La Vergine SS. ebbe anche in sommo grado i Doni dello Spirito Santo?*

Sì, la Vergine SS. ebbe anche in sommo grado i Doni dello Spirito Santo[28], ossia la sapienza, l'intelletto, il consiglio, la fortezza, la scienza, la pietà e il timore di Dio. Mediante questi *abiti soprannaturali* l'anima sua fu resa docilissima a tutte le ispirazioni della grazia divina.

126. *La Vergine SS. ebbe anche i Frutti dello Spirito Santo?*

Sì, la Vergine SS. ebbe anche in sommo grado i Frutti dello Spirito Santo[29], vale a dire la carità, il gaudio, la pace, la pazienza, la benignità, la bontà, la longanimità, la mansuetudine, la fede, la modestia, la continenza e la castità (Galati V, 22-23). Mediante questi frutti, gli atti di virtù che Ella compiva erano accompagnati da una certa soavità spirituale, analoga a quella che prova il corpo nel cibarsi dei frutti maturi.

127. *La Vergine SS. ebbe anche le otto Beatitudini?*

Si, la Vergine SS. ebbe anche in sommo grado le Beatitudini[30] derivanti dalla povertà di spirito, dalla mitezza, dalla fame e sete della giustizia, dalla misericordia, dalla mondezza di cuore, dall'animo pacifico e dalla persecuzione per la giustizia. Mediante queste Beatitudini, le quali non

---

28 Cfr. *Roschini G. M., Mariologia, T. III, pagg. 216-219.*
29 *Ibid., pagg. 219-224.*
30 *Ibid., pagg. 224-227.*

sono altro che atti perfetti delle virtù e dei Doni dello Spirito Santo, Ella ebbe la più grande certezza di conseguire la beatitudine eterna.

128. *La Vergine SS. ebbe anche i carismi o grazie gratis date?*

Sì, la Vergine SS. ebbe anche i carismi o *grazie gratis date*[31], vale a dire: la parola della sapienza, la parola della scienza, il dono della fede, il dono delle guarigioni il dono dei miracoli, il dono della profezia, il discernimento degli spiriti, il dono delle lingue ed il dono dell'interpretazione (I Corinzi XII, 7-10). Questi carismi Ella, come insegna S. Tommaso[32], li ebbe tutti *in abito* (potenza); ebbe poi anche *in atto* tutti quelli che erano convenienti alla sua condizione ed alla sua missione.

129. *Quante specie di scienza ebbe l'intelletto di Maria?*

---

31   Cfr. Roschini G. M., *Mariologia, T. III, pagg. 227.*

32   *Summa Theologiæ, III P., q. 27, a. 5. Cito: «Non si può dubitare che la Beata Vergine, come Cristo, abbia ricevuto in modo eccellente sia il dono della sapienza, sia la grazia dei miracoli e della profezia. Ma l'uso di queste e di altre grazie simili non fu concesso a lei nel medesimo modo che a Cristo, bensì come conveniva alla sua condizione. Ebbe infatti l'esercizio del dono della sapienza nella contemplazione: "Maria serbava tutte queste cose meditandole nel suo cuore". Non ebbe invece l'uso della sapienza nell'insegnare, perché non si addiceva ad una donna, secondo le parole di S. Paolo: "Non permetto alla donna d'insegnare". Non era poi opportuno che compisse miracoli in vita, perché allora i miracoli avevano il compito di confermare la dottrina di Cristo; perciò era bene che facessero miracoli soltanto Cristo ed i suoi discepoli, che erano i portatori dell'insegnamento cristiano. Per questo anche di S. Giovanni Battista è detto, che "non fece alcun miracolo", perché tutti si volgessero a Cristo. Ebbe invece l'uso della profezia, come risulta dal "Magnificat" che essa compose», ndR.*

L'intelletto di Maria ebbe certamente una eccellente *scienza acquisita*, come tutti gli altri e più ancora di tutti gli altri; una eccellente *scienza infusa*, proporzionata alla sua missione; e probabilmente ebbe anche, in qualche importante occasione della sua vita, e in modo transitorio, la *scienza beata*, ossia la visione immediata dell'Essenza divina, poiché ciò che, probabilmente, fu concesso agli altri (a Mosè, a S. Paolo), dovette essere concesso anche a Lei.[33]

---

33 Cfr. *Roschini G. M., Mariologia, T. III, pagg. 234-250.*

I privilegi riguardanti il corpo di Maria[34]

130 - 133

130. *Quali furono i privilegi riguardanti il corpo di Maria?*

I privilegi riguardanti il corpo di Maria furono: 1) La nobiltà d'origine; 2) La perfetta complessione; 3) E la bellezza.

131. *Il corpo di Maria ebbe origine nobilissima?*

Sì, il corpo di Maria ebbe origine nobilissima, perché discendente dalla regia stirpe di David (S. Matteo I, 1), e dalla stirpe sacerdotale di Aronne (S. Luca I, 36). Nelle sue vene, quindi, scorreva il sangue nobilissimo dei re e dei sacerdoti del popolo eletto.

132. *Il corpo di Maria fu di una complessione perfettissima?*

Sì, il corpo di Maria fu di una complessione perfettissima, perché godé sempre di un perenne equilibrio di tutti gli elementi corporali. Fu quindi immune da qualsiasi malattia.

133. *Il corpo di Maria fu bellissimo?*

---

34   Cfr. Roschini G. M., *Mariologia*, T. III, pagg. 251-298.

Sì, il corpo di Maria fu bellissimo, di una bellezza incantevole, specialmente perché in essa si rifletteva tutto lo splendore celestiale dell'anima sua.

I privilegi riguardanti sia l'anima che il corpo

134 - 146

134. *Quali sono i privilegi di Maria riguardanti sia l'anima che il corpo?*

I privilegi di Maria riguardanti sia l'anima che il corpo, sono due: 1) La verginità perpetua; 2) L'Assunzione in anima e corpo al cielo.

135. *Maria SS. fu sempre Vergine?*

Sì, Maria SS. fu sempre Vergine, prima, durante e dopo il parto, come ha definito la Chiesa nel Concilio V Generale di Costantinopoli[35] e nel Concilio Lateranense sotto il pontefice Martino I.

---

35 *A titolo di esempio cito: «Se qualcuno afferma che la santa gloriosa e sempre vergine Maria solo impropriamente e non secondo verità è madre di Dio, o che ella lo è secondo la relazione, nel senso che sarebbe nato da lei un semplice uomo, e non, invece il Dio Verbo, che si è incarnato dovendosi riferire, secondo loro, la nascita dell'uomo al Verbo Dio, in quanto presente all'uomo che nasceva; e chi accusa il santo sinodo di Calcedonia, di chiamare la vergine madre di Dio nel senso empio escogitato da Teodoro; o anche se qualcuno la chiama madre dell'uomo o madre di Cristo, intendendo con ciò che Cristo non sia Dio, e non la ritiene davvero, e secondo verità madre di Dio, per essersi incarnato da essa, in questi ultimi tempi, il Verbo Dio, generato dal Padre prima dei secoli, e che, quindi, piamente il santo sinodo di Calcedonia l'ha ritenuta madre di Dio, costui sia anatema», ndR.*

136. *Chi negò la perpetua verginità di Maria?*

La verginità prima del parto, ossia, il verginale concepimento venne negato dagli empi discepoli di Ebione, di Carpocrate e di Cerinto. La verginità nel parto venne negata specialmente dall'eretico Gioviniano. La verginità dopo il parto venne negata da Apollinare, Bonoso di Sardica, Elvidio, Gioviniano, ecc.

137. *Come si prova la verginità di Maria prima del parto?*

La Verginità di Maria prima del parto viene insegnata espressamente da S. Matteo (I, 18-24) e da S. Luca (I 26-37) i quali ci dicono espressamente che Maria SS. concepì N. S. G. Cristo per opera diretta dello Spirito Santo. Era poi più che conveniente che un Dio non venisse concepito che da una Vergine purissima, e che, se una Vergine doveva concepire, concepisse un Dio.

138. *Come si prova la Verginità di Maria nel parto?*

La Verginità di Maria nel parto vien provata dalla testimonianza di S. Matteo il quale (I, 22-23) ci dice che in Lei si adempì la celebre profezia di Isaia: «Ecco che una Vergine - rimanendo Vergine - concepirà e darà alla luce un figlio» (Isaia VII, 14). Anche S. Luca ci fa comprendere che il parto della Vergine SS. non fu un parto comune, poiché essa stessa prestò al suo divin Figlio tutte quelle cure che sogliono prestarsi dagli altri ai neonati (II, 6 ss.). E perciò, come un puro raggio di luce attraversa un cristallo senza lederlo, anzi, comunicandogli il suo splendore, così il Verbo Incarnato, vera luce del mondo, passò attraverso la sua SS. Madre, non solo senza arrecarle nocumento alcuno, ma irradiandola della sua luce.

139. *Come si prova la Verginità di Maria dopo il parto?*

La Verginità di Maria dopo il parto, e quindi perpetua, si prova per il fatto che Ella, come risulta dalle parole rivolte all'Angelo, era legata a Dio con voto di Verginità, il quale perciò la legava per tutta la vita.

140. *Chi sono dunque i fratelli di Gesù di cui si parla nel Vangelo?*

I fratelli di Gesù, di cui si parla nel Vangelo, sono i suoi cugini, poiché con tale termine vengono generalmente designati i cugini nella S. Scrittura.

141. *Come vanno interpretate le parole nel Vangelo: Giuseppe non la conobbe fino a che non ebbe dato alla luce il suo figliolo primogenito?*

Le parole: *fino a che* ed altre simili espressioni bibliche - come afferma S. Girolamo - non sempre importano mutamento di azione per il tempo avvenire, come, per esempio, allorché diciamo che Iddio durerà fino a che dura il mondo. La parola poi *primogenito* era una parola legale usata per designare il primo tra i figli, sia che fosse seguito da altri, sia che non lo fosse.

142. *La Vergine SS., al termine della sua vita terrena, venne assunta al cielo in anima e corpo?*

Sì, la Vergine SS., al termine della sua vita terrena, venne assunta al cielo in anima e corpo. È questa una verità certissima, non ancora definita solennemente[36], ma insegnata esplicitamente dal Magistero ecclesiastico ordinario.

143. *Quali sono le ragioni per provare la verità dell'Assunzione di Maria?*

Le ragioni per provare la verità dell'Assunzione di Maria vengono desunte dalla S. Scrittura e dalla Tradizione.

144. *Come si prova con la S. Scrittura l'Assunzione di Maria?*

La S. Scrittura prova una tale verità col Protovangelo (Genesi III, 15) nel quale la Vergine SS. viene associata a Cristo nella piena vittoria sul demonio e sull'opera sua. Orbene, tra le opere del demonio, oltre al peccato, vi è anche la morte (I S. Giovanni III). La Vergine SS. quindi fu anche associata a Cristo nel trionfo sulla morte, mediante la sua Assunzione in anima e corpo al cielo, senza rimanere sotto il dominio della morte.

145. *Come si prova con la Tradizione l'Assunzione di Maria?*

---

36   *Lo scritto di P. Roschini è del 1944. La Munificentissimus Deus è la Costituzione dogmatica con la quale papa Pio XII, il 1° novembre del 1950, definisce il dogma dell'Assunzione di Maria in corpo ed anima in cielo, ndR.*

La Tradizione prova l'Assunzione di Maria dimostrando come in ogni tempo, fin dai primi secoli della Chiesa, si hanno asserzioni o almeno tracce luminose di tale verità.

146. *È conveniente l'Assunzione di Maria?*

La ragione ci dimostra che l'Assunzione di Maria è convenientissima sotto tutti gli aspetti. Tre cose, infatti, esigevano un tale trionfo: 1) La gloria di Cristo; 2) La gloria di Maria; 3) E la gloria del cielo.

NdR: Proclamazione del dogma dell'Assunzione. Cito: «(...) dopo avere innalzato ancora a Dio supplici istanze, e avere invocato la luce dello Spirito di Verità, a gloria di Dio onnipotente, che ha riversato in Maria vergine la sua speciale benevolenza a onore del suo Figlio, Re immortale dei secoli e vincitore del peccato e della morte, a maggior gloria della sua augusta Madre e a gioia ed esultanza di tutta la Chiesa, per l'autorità di nostro Signore Gesù Cristo, dei santi apostoli Pietro e Paolo e Nostra, pronunziamo, dichiariamo e definiamo essere dogma da Dio rivelato che: l'immacolata Madre di Dio sempre vergine Maria, terminato il corso della vita terrena, fu assunta alla gloria celeste in anima e corpo. Perciò, se alcuno, che Dio non voglia, osasse negare o porre in dubbio volontariamente ciò che da Noi è stato definito, sappia che è venuto meno alla fede divina e cattolica» (Pio XII, *Munificentissimus Deus*, 1 novembre 1950).

Natura del culto Mariano[37]

147 - 155

147. *Che cosa significa la parola culto?*

La parola *culto* significa onorare un essere di cui si riconosce la superiorità. Il culto quindi si distingue dal semplice *onore*, il quale prescinde dalla nota di superiorità da parte di colui che è onorato, e si può rendere anche a chi non ha superiorità su di noi.

148. *V'è qualche differenza fra culto e devozione?*

Sì, poiché la parola *devozione* dice assai più della parola *culto*. Presa infatti in senso stretto, la parola devozione importa un'offerta totale ad uno, a Dio, per esempio, alla patria, eccetera. Comunemente, però, la parola devozione viene presa in senso più largo, per significare, cioè, l'atto della volontà che si dà con fervore al servizio di una persona o di una causa.

149. *Quante specie di culto vi sono?*

---

37 Cfr. *Roschini G. M., Mariologia, T. II, pp. 577 ss.* — *Campana E., Maria nel Culto Cattolico, due voll.: 2ª Ed. rived. ed aument. dal P. G. M. Roschini O. S. M., Torino, Marietti, 1944.* — *Neubert, La dévotion a Marie, Le Puy, 1942.*

Vi sono tre specie di culto, corrispondenti a tre specie di eccellenze che noi riconosciamo nelle persone, vale a dire: culto di *latria*, culto di *dulia* e culto di *iperdulia*.

150. *A chi è dovuto il culto di latria?*

Il culto di *latria* o di *adorazione perfetta* è dovuto a Dio solo, per la sua eccellenza increata infinita, dalla quale qualsiasi eccellenza creata dipende.

151. *A chi è dovuto il culto di dulia?*

Il culto di *dulia* o di semplice *venerazione* è dovuto ai servi di Dio, ossia ai Santi, a causa della loro eccellenza soprannaturale, ossia per la loro santità.

152. *A chi è dovuto il culto di iperdulia?*

Il culto di *iperdulia* o *venerazione superiore* a quella che si rende ai Santi, è dovuto alla Vergine SS., Madre di Dio e Mediatrice degli uomini, a causa della sua singolarissima dignità e santità.

153. *Il culto di iperdulia differisce soltanto di grado o anche di specie dal culto di dulia?*

Il culto di *iperdulia* reso alla Vergine SS. differisce solo di *grado* dal culto di *dulia* se si prende come motivo di tale culto la sua singolare santità; differisce invece anche di *specie* se si prende come motivo di tale culto la sua singolare dignità di Madre di Dio e di Mediatrice degli uomini, dignità che la colloca in un ordine a sé, specificamente superiore all'ordine in cui si trovano tutti gli altri Santi.

154. *Quanti sono gli oggetti di culto relativi alla Vergine SS.?*

Gli oggetti di culto relativi alla Vergine SS. sono quattro: la sua *persona*, il suo *cuore*, che è il principale fra i suoi membri, la sua *immagine* e reliquie, e il suo *nome*.

155. *Quali sono i principali errori intorno al culto di Maria?*

Gli errori intorno al culto di Maria si possono dividere in due classi: per eccesso e per difetto. Errarono *per eccesso*, a quanto sembra, i Colliridiani i quali tributano alla Vergine un culto di *latria* o di adorazione dovuto soltanto a Dio. Errano *per difetto*, generalmente, i Protestanti, i quali impugnano come eccessivo, superstizioso ed idolatrico, il culto che la Chiesa tributa a Maria. Anche i Giansenisti hanno spezzato più di una lancia contro il culto di Maria.

Legittimità del culto Mariano

156 - 159

156. *È legittimo il culto di iperdulia che viene tributato dalla Chiesa alla persona della Vergine SS.?*

Il culto di iperdulia tributato dalla Chiesa alla persona della Vergine SS. è legittimo a causa della soprannaturale eccellenza che rifulge in Lei come Madre di Dio e come Regina dei Santi. L'Angelo Gabriele, a nome di Dio, e S. Elisabetta, ispirata da Dio, le tributarono questo culto.

157. *È legittimo il culto che viene tributato dalla Chiesa al Cuore di Maria?*

Il culto che viene tributato dalla Chiesa all'*Immacolato Cuore di Maria* è legittimo, poiché quel Cuore fu lo strumento dei suoi sentimenti più sublimi ed è il simbolo palpitante del suo ineffabile amore verso Dio e verso gli uomini.[38]

158. *È legittimo il culto di iperdulia relativa che viene tributato dalla Chiesa all'immagine di Maria?*

Il culto di iperdulia relativa tributato dalla Chiesa *all'imma-*

---

38 *Cfr. Garcia N., C. M. F., La devòcion a Corazòn de Maria, Catechismo, Madrid, 1943.*

gine della Vergine SS. è legittimo, poiché il culto tributato all'immagine in quanto tale, è tributato alla persona rappresentata dall'immagine. Altrettanto si deve dire del culto delle reliquie di Maria, quali le vesti, eccetera.

159. *È legittimo il culto tributato dalla Chiesa al Nome SS. di Maria?*

Il culto tributato dalla Chiesa *al Nome SS. di Maria* è legittimo, poiché il nome significa la persona nella quale il culto ridonda. Il nome di Maria è il più grande, il più amabile, il più potente dopo il nome di Gesù.

Elementi o atti del culto Mariano

160 - 172

160. *Quali sono i principali elementi o atti del culto Mariano?*

I principali elementi o atti del culto Mariano sono sei: la venerazione, la gratitudine, l'amore, l'invocazione, la servitù e l'imitazione. Si ha quindi un culto di venerazione, un culto di gratitudine, un culto d'amore, un culto d'invocazione, un culto di servitù ed un culto d'imitazione.

161. *Perché si deve a Maria un culto di venerazione?*

Si deve a Maria un culto di venerazione a causa della sua singolare grandezza, derivante dall'altissima e singolarissima sua qualità di Madre di Dio.

162. *Come si deve dimostrare a Maria la nostra venerazione?*

Si deve dimostrare a Maria la nostra venerazione in tre modi: *con i sentimenti*, nutrendo di Lei la più alta stima; *con le parole*, esaltandola più che ci è possibile; *con le opere*, adoperandoci per farla venerare da tutti.

163. *Perché si deve a Maria un culto di gratitudine?*

Si deve a Maria un culto di gratitudine a causa degli immensi benefici da Lei ricevuti, ed in modo tutto particolare per aver cooperato, insieme col Redentore, a redimerci dalla schiavitù del demonio e del peccato.

164. *Come si deve dimostrare a Maria la nostra gratitudine?*

In tre modi si deve dimostrare a Maria la nostra gratitudine: *col pensiero*, ossia riconoscendo la grandezza dei benefici da Lei ricevuti; *con le parole*, ringraziandola; *con le opere*, contraccambiando con qualche nostro dono i suoi doni.

165. *Perché si deve a Maria un culto di amore?*

Si deve a Maria un culto di amore tenerissimo, perché nostra vera Madre spirituale, piena di bontà e di bellezza.

166. *In che modo dobbiamo dimostrare a Maria il nostro amore?*

Dobbiamo dimostrare a Maria il nostro amore con le parole e coi fatti. *Con le parole*, ripetendole spesso che l'amiamo; e *coi fatti*, evitando con la massima cura tutto ciò che Le arreca dispiacere e facendo tutto ciò che può arrecarle piacere, sopratutto riparando le offese arrecate al suo Cuore Immacolato.[39]

167. *Perché si deve a Maria un culto di invocazione?*

Si deve a Maria un culto di invocazione perché da Lei,

---

39   Cfr. Roschini G. M., *La Riparazione Mariana*, 2ª ed., Rovigo, 1943.

per volere divino, derivano a noi tutte e singole le grazie divine.

168. *In che modo dobbiamo invocare Maria?*

Dobbiamo invocare Maria *con frequenza*, in tutte le nostre necessità spirituali e materiali; *con illimitata* fiducia, riponendo in Lei, dopo Dio, tutta la nostra speranza.

169. *Perché si deve a Maria un culto di servitù?*[40]

Si deve a Maria un culto di servitù, perché è la eccelsa Regina della terra e del cielo a cui tutto è soggetto e per la cui gloria tutto è stato creato.

170. *In che modo si deve servire Maria?*

Si deve servire Maria: 1) Stando abitualmente presso di Lei, alla sua presenza, col pensiero, non perdendola mai di vista e vivendo uniti a Lei; 2) Offrendo tutti noi stessi e tutto ciò che abbiamo, in modo perenne, a Lei; 3) Dimostrandoci sempre pronti ai suoi cenni ed ai suoi desideri; 4) Cercando di piacerle in tutto; 5) Prendendo viva parte a tutte le sue gioie e, in modo tutto particolare, ai suoi dolori.

171. *Perché si deve a Maria un culto di imitazione?*[41]

Si deve a Maria un culto di imitazione, perché Ella è tutta

---

40   Cfr. Roschini G. M., *Mariologia, T. II, pp. 611-615.*
41   Cfr. Arias F., S. J., *L'imitazione della B. Vergine, Firenze, Tofani, 1855.*

Santa, il modello più perfetto e più adatto, per tutti, di tutte le virtù.

172. *In che modo si deve imitare Maria?*

Si deve imitare Maria fedelmente e costantemente, in modo particolare nella sua pietà filiale verso Dio, nella sua inebriante purezza, e nella sua misericordia verso il prossimo.

Utilità del culto Mariano

173 - 184

173. *È utile il culto che noi tributiamo a Maria?*

Il culto che noi tributiamo a Maria è utilissimo, poiché da esso derivano i più grandi benefici per l'individuo e per la società.

174. *Quali sono i principali benefici che derivano all'individuo dal culto Mariano?*[42]

I principali benefici che derivano all'individuo dal culto Mariano possono ridursi a tre, vale a dire, esso assicura: 1) La più preziosa protezione durante la vita; 2) Una particolare assistenza in punto di morte; 3) Inestimabili benefizi dopo la morte.

175. *In che modo la Vergine SS. protegge i suoi devoti durante la vita?*

La Vergine SS. protegge in vita i suoi devoti con l'abbondanza delle grazie spirituali e temporali, per cui la devozione a Maria è un segno luminoso di predestinazione alla

____

42 Cfr. Nicolas A., *La Vergine Maria, vivente nella Chiesa, libro I, cap. I-V.*

gloria del cielo.[43]

176. *In che modo la Vergine SS. assiste in morte i suoi devoti?*[44]

La Vergine SS. assiste in morte i suoi devoti in tre modi: 1) Impetrando loro un sincero dolore di tutti i peccati; 2) Ottenendo la grazia di una perfetta rassegnazione al sacrificio della vita; 3) Facendo loro da scudo contro i fieri assalti del demonio.

177. *In che modo la Vergine SS. ricolma di benefizi i suoi devoti dopo la morte?*

La Vergine SS. ricolma di benefizi i suoi devoti dopo la morte: 1) Assistendoli nel momento del giudizio, 2) Facendo sentire il suo benefico influsso nel purgatorio e nel paradiso.

178. *Quali sono i principali benefici che derivano alla società domestica dal culto Mariano?*[45]

I principali benefici che derivano dal culto Mariano *alla società domestica*, ossia alla famiglia, sono costituiti da innumerevoli grazie d'ordine spirituale e materiale, e sopratutto dall'influsso potentissimo di Maria sulla madre, che è come il cuore della famiglia.

43   *Cfr. Roschini G. M., La devozione a Maria SS. segno di predestinazione, Vicenza, Soc. An. Tip., 1938.*

44   *Cfr. Lépicier Card. A. E., O. S. M., La protezione di Maria nell'ora della morte. — Pacelli Card. E., La Patrona della Buona Morte, Roma, 1937.*

45   *Cfr. Nicolas, La Vergine Maria, vivente nella Chiesa, libro IV, cap. I-VIII.*

179. *Quali sono i principali benefici che derivano alla società religiosa dal culto Mariano?*

I benefici che derivano *alla società religiosa*, ossia alla Chiesa, dal culto Mariano sono principalmente due: 1) L'influsso *dottrinale*, per cui la fede cattolica fiorì sempre intera e feconda; 2) L'influsso *morale*, per cui la Chiesa è divenuta un meraviglioso giardino in cui sono i fiori di tutte le virtù (specialmente i gigli) ed i frutti di tutti gli eroismi.

180. *Quali sono i principali benefici che derivano alla società civile dal culto Mariano?*

I principali benefici che derivano *alla società civile* dal culto Mariano vengono sintetizzati dal mirabile influsso esercitato in ogni tempo dalla Vergine SS. *sul Vero*, ossia, sulle scienze, *sul Buono*, ossia sulla morale, e *sul Bello*, ossia sull'arte. Il culto di Maria quindi, dopo quello di Cristo, è stato per la società civile il più grande fattore di civiltà.

181. *Il culto di devozione verso la Madonna è necessario per salvarsi?*[46]

Sì, un certo culto di devozione a Maria è in qualche modo necessario per raggiungere la nostra eterna salvezza. Per questo forse il *Codice del Diritto Canonico* (can. 1276), dopo aver detto che è cosa buona ed utile invocare con preghiere i Santi e venerare le loro reliquie ed immagini, comanda

---

46   Cfr. *Roschini G. M.. La Porta dei Cielo, ossia necessità della devozione a Maria SS. per salvarsi, Venezia, Libr. Emiliana Editrice, 1935.*

(con un congiuntivo imperativo) che «sopra tutti i Santi, tutti i fedeli nutrano una *devozione filiale* verso la Vergine SS.»[47]. Ciò si deduce, inoltre, dalla prassi universale della Chiesa, la quale, nella sua liturgia, ricorre ed invita a ricorrere di continuo a Maria.

182. *In che senso la devozione a Maria SS. è necessaria per salvarsi?*

La devozione a Maria SS. è necessaria per salvarsi nel senso che per *gli adulti*, i quali conoscono *sufficientemente* Maria, una tale devozione è moralmente necessaria per raggiungere l'eterna salvezza, di modo che uno di questi il quale si mostrasse *positivamente* indifferente o si rifiutasse di venerare e di invocare Maria, è moralmente impossibile che si salvi.

183. *Spiegatemi un poco più dettagliatamente questa necessità della devozione a Maria.*

Per ben comprendere la necessità della devozione a Maria per salvarsi, è necessario osservare che: 1) Si tratta di *necessità morale*, di modo che uno il quale rifiutasse di servirsi di un tale mezzo, verrebbe a compromettere in modo molto

---

47   *Codex Iuris Canonici detto "Pio-Benedettino", Sommario del ..., Card. V. La Puma, Torino, Soc. Ed. Internazionale, Imprimatur 1940, pagina 223, Titolo XVI, Culto dei Santi, delle immagini sacre e reliquie. Cito: «1276-1278. Ottima e utile cosa è l'invocazione dei Santi, la venerazione delle loro reliquie ed immagini, ma specialmente la devozione verso Maria Santissima. Questo culto che è di dulia si presta solo ai Santi dichiarati dalla Chiesa; ai Beati solo dove è concesso dal Pontefice. I Patroni per le Diocesi, province, religioni, ecc., è bene si scelgano con la conferma apostolica fra i Santi e non fra i Beati, eccetto speciale indulto», ndR.*

serio la sua salvezza. Si tratta, inoltre, 2) soltanto *degli adulti*, e non già dei bambini, di modo che la devozione a Maria non è loro necessaria, per salvarsi, come lo sono la grazia santificante ed il battesimo. Si tratta, 3) di adulti che conoscano *sufficientemente* Maria, ossia il posto che Ella occupa e la parte necessaria ch'Ella esercita, per libera disposizione divina, nell'opera della nostra eterna salvezza, quale Corredentrice, Madre e Dispensatrice di tutte le grazie. In coloro che ignorassero senza colpa queste cose, si può facilmente supporre una devozione Mariana *interpretativa*, nel senso che sarebbero pronti a venerare ed invocare Maria se avessero di Lei una sufficiente conoscenza. Si tratta, infine, 4) di indifferenza o di rifiuto *positivo*[48], poiché un tale contegno lascerebbe logicamente supporre che la devozione a Maria venga praticamente ritenuta come illegittima o almeno inutile, contrariamente a quanto ha definito il Concilio di Trento (Sess. XXV).

184. *Per quali motivi è moralmente necessaria la devozione a Maria?*

I motivi pei quali la devozione a Maria è moralmente necessaria sono: 1) Perché non venerando e non invocando Maria, uno verrebbe a privarsi del mezzo più efficace, dopo il ricorso a Dio, per raggiungere la sua salvezza, essendo Maria la Dispensatrice di tutte le grazie divine, ed in modo tutto particolare della grandissima grazia della

---

48 *"Positivo" non nel senso di "buono". Tale rifiuto «lascerebbe logicamente supporre che la devozione a Maria venga praticamente ritenuta come illegittima o almeno inutile», ndR.*

perseveranza finale; 2) Perché quella stessa legge naturale la quale ci comanda *esplicitamente* di evitare tutto ciò che può compromettere seriamente la nostra eterna salvezza, ci comanda anche, *implicitamente*, di non rifiutare o trascurare la devozione a Maria, intimamente ed indissolubilmente congiunta a Cristo nell'opera della nostra eterna salvezza; 3) Perché la liturgia della Chiesa, non pochi Padri, Dottori e Scrittori ecclesiastici affermano, in termini più o meno chiari ed espliciti, la necessità della devozione a Maria per salvarsi.

Origine e sviluppo del culto Mariano[49]

185 - 190

185. *Donde trae origine il culto Mariano?*

Il culto Mariano trae la sua origine dalla sostanza stessa del Cristianesimo, ossia dai misteri stessi dell'Incarnazione e della Redenzione, ai quali fu intimamente ed indissolubilmente unita Maria. Per questo fu ed è onorata insieme a Cristo.

186. *Può sostenersi la sentenza di alcuni Protestanti, secondo i quali il culto cristiano di Maria sarebbe stato originato dal culto pagano delle dee?*

Una tale sentenza non può in alcun modo sostenersi, poiché il culto cristiano della Vergine è totalmente diverso dal culto pagano delle dee, riguardo agli elementi sia *essenziali* che *accidentali* del medesimo. Il culto delle dee, infatti, era culto di *latria* o di adorazione, mentre il culto cristiano di Maria è semplice culto di *iperdulia*, ossia di venerazione. Gli *effetti* poi dell'uno e dell'altro furono e sono totalmente opposti. Non è possibile, quindi, far derivare l'uno dall'altro.

---

49   *Cfr. Roschini G. M., Mariologia, T. II, pp. 584-590.*

187. *Quali sono le principali tappe del culto Mariano?*

Le principali tappe percorse dal culto Mariano sono tre:
1) Dai tempi degli Apostoli al Concilio di Efeso; 2) Dal
Concilio di Efeso al secolo XVI; 3) Dal secolo XVI ai giorni
nostri.

188. *Che cosa vi è di notevole nella prima tappa del culto Mariano?*

Nella prima tappa del culto Mariano (dal tempo degli Apostoli al Concilio di Efeso, a. 431), sono degni di nota alcuni
fatti ed alcune affermazioni molto eloquenti che furono il
germe dal quale derivò il grandioso albero della devozione
Mariana. I fatti principali sono: 1) La *fede* vivissima riguardo
alle principali prerogative di Maria; 2) La pratica della *invocazione dei Santi,* specialmente martiri, almeno fin dal secolo
II; 3) Le immagini della Madonna, qualcuna delle quali
(quella del Cimitero di Priscilla) risale alla prima metà del
secolo II; 4) L'uso di invocare il patrocinio di Maria, fin dal
secolo II-III, con la celebre preghiera «*Sub tuum præsidium*»; 5)
L'istituzione di varie feste di Maria verso la fine del secolo
IV. Né mancarono, fin dalla seconda metà del secolo IV,
varie asserzioni di Padri riguardanti direttamente il culto
Mariano. Era quindi universale, da quella prima metà, l'uso
di venerare e di invocare Maria.

189. *Che cosa vi è di notevole nella seconda tappa del culto Mariano?*

Nella seconda tappa del culto Mariano (dal Concilio di
Efeso al secolo XVI), il culto religioso, sia liturgico che pri-

vato, fin dall'inizio del secolo V andò prendendo sempre maggiore sviluppo, fino a culminare con S. Bernardo. La natura poi di questo culto venne ben determinata nel secolo XIII particolarmente da S. Tommaso e da S. Bonaventura.

190. *Che cosa v'è di notevole nella terza tappa del culto Mariano?*

Nella terza tappa del culto Mariano (dal secolo XVI ai nostri giorni) il culto della Vergine SS. venne sempre meglio studiato nei suoi fondamenti dogmatici, a causa specialmente della reazione contro le asserzioni dei Protestanti e dei Giansenisti. Si distinsero in ciò S. Pietro Canisio, S. Alfonso M. de' Liguori, il B. Luigi M. Grignion de Montfort, eccetera, grandi apostoli del culto Mariano.

EVA
AVE

Pratiche del culto Mariano[50]

191 - 229

191. *A quali pratiche ha dato vita lo sviluppo del culto Mariano?*

Lo sviluppo del culto Mariano ha dato vita, nei vari secoli, a molte pratiche Mariane approvate poi dalla Chiesa. Le principali sono: 1) *Culto quotidiano*: l'Ave Maria, la Salve Regina, l'Angelus Domini o Regina Cœli, le Litanie Lauretane, il piccolo Officio della Madonna, il Rosario, la Corona dei Sette dolori; 2) *Culto settimanale*: il Sabato; 3) *Culto mensile*: il primo Sabato di ogni mese, il mese di Maggio, di Settembre e di Ottobre; 4) *Culto annuale*: le varie feste di Maria SS. 5) *Culto in tempi di libera scelta*: la «*Via Matris Dolorosæ*» ed i Congressi Mariani; 6) *Culto perpetuo*: Le Associazioni Mariane (Ordini, Terzi Ordini, Confraternite o Pie Unioni e Associazioni giovanili), gli Scapolari Mariani, i Santuari Mariani e la Consacrazione a Maria.

192. *Che cos'è l'Ave Maria?*

L'*Ave Maria* è la preghiera per eccellenza alla Vergine SS.; contenente la più bella lode e la più bella invocazione che

---

50 Cfr. *Campana E., Maria nel culto Cattolico*, 2 voll., Ed. II*ª* riveduta ed ampliata dal *P. G. M. Roschini, O. S. M., Torino, Marietti, 1944.*

Le si possa rivolgere.

193. *Com'è composta l'Ave Maria?*

L'*Ave Maria* è composta di due parti nettamente distinte. Nella prima parte (da *Ave* fino a *Iesus*), contenente la lode, si ripetono le parole rivolte dall'Angelo Gabriele e da S. Elisabetta alla Madonna; nella seconda parte, invece, si ripete un'invocazione proposta dalla Chiesa per chiedere l'intercessione della Madre di Dio adesso e nell'ora della nostra morte.

194. *Ditemi in breve la storia dell'Ave Maria.*

L'*Ave Maria*, prima di raggiungere la forma attuale, ha dovuto percorrere un lungo cammino di secoli. Con ogni probabilità il saluto dell'Angelo (*Ave... tecum*) e quello di S. Elisabetta (*benedicta tu... ventris tui*) furono ripetuti alla Vergine SS., or l'uno or l'altro, per naturale istinto di imitazione, fin dal momento in cui i fedeli ebbero in mano il Vangelo di S. Luca in cui sono contenuti. Nel secolo V, in Oriente, e nel secolo VII, in Occidente, il saluto dell'Angelo ci appare unito al saluto di Elisabetta, e viene introdotto nell'Ave il nome di *Maria*. Il nome di Gesù, invece, aggiunto alle parole *ventris tui*, incominciò ad apparire in Oriente nel secolo VII ed in Occidente nel secolo XII. La seconda parte dell'Ave Maria (*Sancta Maria...*) incominciò ad essere aggiunta alla prima parte nel secolo XIV, con alcune varianti. Il primo documento in cui ci appare nella sua completa forma attuale è una poesia acrostica di Gasparino

Borro, Servita (+ 1498). L'uso però di questa seconda parte divenne universale nell'edizione del *Breviario Romano* fatta per ordine di papa S. Pio V, il quale approvò questa forma definitiva e ne impose la recita a tutti i Sacerdoti prima delle ore dell'*Ufficio Divino*.

195. *Cos'è la Salve Regina?*[51]

La *Salve Regina* è una delle antifone o preghiere più espressive rivolte dalla Chiesa a Maria, come a Regina e a Madre di misericordia.

196. *Ditemi in breve la storia della Salve Regina.*

La *Salve Regina*, secondo l'opinione più comune, fu composta da Ermanno Contratto, Monaco benedettino di Reichenau, nel secolo XI. Si diffuse poi rapidamente, con qualche ritocco, nei monasteri e tra i fedeli, a causa della sua mirabile bellezza e perfetta corrispondenza alle esigenze dell'anima cristiana.

197. *Cos'è l'Angelus Domini?*[52]

È una preghiera composta per onorare la Madonna tre volte al giorno (al mattino, a mezzogiorno ed alla sera), nel mistero dell'Annunciazione.

198. *Dite in breve la storia dell'Angelus Domini.*

---

51 *Cfr. Campana, I, c., vol. I, sez. III, cap. 1.*
52 *Ibid., cap. III.*

Questo triplice saluto d'ogni giorno alla Vergine è sorto in vari tempi ed in vari luoghi. Sorse dapprima il saluto vespertino, in Italia, nel secolo XIII. A questo si aggiunse, nel secolo XIV, parimenti in Italia, il saluto mattutino. Nel secolo XV ebbe inizio, in Francia, il saluto meridiano. Nel secolo XVI, finalmente, la formula dei tre *Angelus*, riuniti, divenne uniforme e stabile. Nel 1742 papa Benedetto XIV stabiliva che, durante il tempo Pasquale, l'*Angelus* fosse sostituito dall'Antifona *Regina Cœli*, e che nei giorni di Domenica, incominciando dai Vespri (e quindi dalla sera del Sabato) venisse recitato in piedi. Papa Pio VII, nel 1815, aggiungeva all'*Angelus* tre *Gloria Patri*, in ringraziamento dei doni concessi dalla SS. Trinità alla Vergine SS.

199. *Che cosa sono le Litanie Lauretane?*[53]

Le *Litanie Lauretane* sono una serie di 46 invocazioni alla Vergine SS., desunte dalla S. Scrittura e dai Santi Padri, esaltanti i vari aspetti della sua singolare grandezza, potenza e bontà.

200. *Ditemi in breve la storia delle Litanie Lauretane.*

Nella storia delle *Litanie Lauretane* si possono distinguere tre periodi: quello della preparazione, quello della formazione e quello del trionfo. Il primo germe delle *Litanie* (periodo di preparazione) va ricercato nelle *Litanie dei Santi*, in uso, in Oriente, fin dal secolo III, e nei mirabili elogi mariani fioriti sulla penna dei Santi Padri. La prima

---

53   *Cfr. Campana, l, c., vol. I, sez. III, cap. 4.*

formazione delle *Litanie della Madonna* si trova in un codice di Magonza del secolo XII. Nel secolo XIV sorse un'altra litania mariana con 75 elogi, assai più snella di quella di Magonza, che ebbe molta fortuna. Nei secoli XV e XVI le litanie mariane, sempre più e sempre meglio elaborate, si moltiplicarono in modo sorprendente. Anche nel celebre Santuario di Loreto, agli inizi del secolo XVI, incominciarono a cantarsi solennemente le litanie della Madonna, di ignoto autore, le quali poi prevalsero e vennero approvate ed indulgenziate da papa Sisto V nel 1587. Papa Clemente VIII, nel 1601, impressionato per il moltiplicarsi delle litanie, proibì che se ne componessero delle nuove o che venissero ripubblicate le antiche, ad eccezione di quelle solite cantarsi nella S. Casa di Loreto. In tal modo le *Litanie Lauretane* divennero universali. La S. Congregazione dei Riti, nel 1631, proibiva nuove aggiunte. Dopo il 1854, venne aggiunta l'invocazione: *Regina sine labe...* Nel 1883, papa Leone XIII vi aggiungeva la invocazione *Regina Sacratissimi Rosarii* e, nel 1903, *Mater Boni Consilii.* Il 16 novembre 1915, papa Benedetto XV vi aggiungeva l'invocazione: *Regina pacis.*

201. *Che cos'è il Piccolo Officio della Madonna?*[54]

È un *Officio* simile a quello delle feste della Madonna e a quello della B. Vergine Maria nel Sabato, più breve e con varie parti proprie. Le sue varie parti consacrano l'intera giornata a Maria.

---

54   *Cfr. Campana, I, c., vol. I, sez. III, cap. 5.*

202. *Ditemi in breve la storia del Piccolo Officio della Madonna.*

Questa pia pratica che per lunga serie di secoli fu di uso quotidiano presso una moltitudine di chierici e laici, sorse un poco prima del mille, insieme alla devozione del Sabato, nei monasteri benedettini. S. Ulderico (+ 973), Vescovo di Ausburgo e il suo contemporaneo Bernerio, preposto di Verdun, erano soliti recitarlo ogni giorno. L'impulso più vigoroso a questa pia pratica venne da parte di S. Pier Damiani e del Ven. Pietro degli Onesti, suo concittadino ed emulo. Nei secoli XII e XIII venne abbracciato dai vari Ordini Religiosi, dalla maggior parte del clero secolare e da moltissimi laici. Papa S. Pio V, nel 1571, unificò il testo del *Piccolo Officio*, togliendo però l'obbligo di dirlo fuori del coro nella recita privata del *Breviario*, pur raccomandandolo caldamente. Recentemente, sotto papa Pio X[55], è cessata anche la obbligatorietà di tale *Piccolo officio*

---

55   *Papa Pio X fu beatificato il 3 Giugno 1951 e canonizzato il 29 maggio 1954 durante il Pontificato di Pio XII. Dal Discorso di papa Pio XII dopo il rito di canonizzazione, cito: «Il programma del suo Pontificato fu da lui solennemente annunziato fin dalla prima Enciclica (E supremi del 4 Ottobre 1903), in cui dichiarava essere suo unico proposito di "instaurare omnia in Christo" (Eph. 1, 10), ossia di ricapitolare, ricondurre tutto ad unità in Cristo. Ma "qual è la via che ci apre l'adito a Gesù Cristo?", egli si chiedeva, guardando amorevolmente le anime smarrite ed esitanti del suo tempo. La risposta, valida ieri, come oggi e nei secoli, è: la Chiesa! Fu pertanto sua prima sollecitudine, incessantemente perseguita fino alla morte, di rendere la Chiesa sempre più in concreto atta ed aperta al cammino degli uomini verso Gesù Cristo. Per questo intento egli concepì l'ardita intrapresa di rinnovare il corpo delle leggi ecclesiastiche (...). Invitto campione della Chiesa e Santo provvidenziale dei nostri tempi si rivelò altresì Pio X nella seconda impresa che contraddistinse l'opera sua, e che in vicende talora drammatiche ebbe l'aspetto di una lotta impegnata da un gigante in difesa di un inestimabile tesoro: l'unità interiore della Chiesa nel suo intimo fondamento: la fede. Già dalla fanciullezza la Provvidenza divina aveva preparato il suo eletto nell'umile sua famiglia, edificata sull'autorità, sui sani*

anche per i Capitoli e gli Ordini religiosi. Rimane tuttavia la preghiera principale di numerosissime Congregazioni recenti, sia maschili che femminili.

203. *Che cos'è il Rosario?*[56]

Il *Rosario* è una determinata preghiera in onore della Vergine SS. consistente nella recita di 150 *Ave Maria*, intercalate da 15 *Pater noster* che la dividono in 15 decine, in ciascuna delle quali si medita piamente uno dei misteri della nostra Redenzione, divisi in *gaudiosi*, *dolorosi* e *gloriosi*.

204. *Ditemi in breve la storia del Rosario.*

---

costumi e sulla fede stessa scrupolosamente vissuta. Senza dubbio ogni altro Pontefice, in virtù della grazia di stato, avrebbe combattuto e respinto gli assalti miranti a colpire la Chiesa nel suo fondamento. Bisogna tuttavia riconoscere che la lucidità e la fermezza, con cui Pio X condusse la vittoriosa lotta contro gli errori del modernismo, attestano in quale eroico grado la virtù della fede ardeva nel suo cuore di santo (...). La santità, che nelle ricordate imprese di Pio X si rivela come ispiratrice e guida di queste, sfavilla anche più direttamente negli atti quotidiani della sua persona. In sè stesso, prima che negli altri, egli attuò l'enunciato programma: "ricapitolare, ricondurre tutto ad unità in Cristo". Da umile parroco, da Vescovo, da Sommo Pontefice, egli stimò per certo che la santità, cui Dio lo destinava, era la santità sacerdotale. Quale altra santità può infatti Iddio maggiormente gradire da un sacerdote della Nuova Legge, se non quella che si addice ad un rappresentante del Sommo ed Eterno Sacerdote, Gesù Cristo, il quale lasciò alla Chiesa la perenne memoria, la perpetua rinnovazione del sacrificio della Croce nella santa Messa, fino a tanto che Egli verrà per il giudizio finale (1 Cor. 11, 24-26); che con questo Sacramento della Eucaristia diede sè stesso a nutrimento delle anime: "Chi mangia di questo pane vivrà in eterno" (Io. 6, 58)? (...) Sì, o Santo Pio X, gloria del sacerdozio, splendore e decoro del popolo cristiano (...)». Discorsi e Radiomessaggi di Sua Santità Pio XII, XVI, Sedicesimo anno di Pontificato, 2 marzo 1954 - 1° marzo 1955, pp. 31-37, ndR.

56   Cfr. Campana, I, c., vol. I, sez. III, cap. 3.

I vari elementi del *Rosario* (ossia la corona per contare, le 150 *Ave Maria*, i 15 *Pater* e le meditazioni dei vari misteri) sono sorti in vari tempi ed in vari tempi sono stati uniti. Il primo elemento, ossia la corona, strumento per contare, è antichissimo. S. Paolo primo Eremita (+341) era solito contare i *Pater noster* coi sassolini. In seguito, ai sassolini venne sostituito un filo o cordoncino con vari nodi e grani infilzati, chiuso in forma di circolo, prendendo il nome di *corona*. Quest'uso prevalse verso il principio del secolo XVI. Il secondo elemento, ossia le 150 *Ave Maria* contate sulla corona, sorse verso il secolo XII allorché l'*Ave Maria* (fino a *ventris tui*) incominciò a diventare d'uso comune. I due primi elementi, quindi, si avevano già nel secolo XII. Il terzo elemento, ossia il *Pater noster*, venne introdotto dal certosino Enrico Egher (1328-1408) verso la fine del secolo XIV. Il quarto elemento, ossia la meditazione dei misteri, è dovuto al certosino Domenico di Prussia (+ 1461) verso la metà del secolo XV. Egli fissò 150 misteri (o *clausole*) i quali, verso gli inizi del secolo XVII, vennero ridotti a 15: cinque *gaudiosi*, cinque *dolorosi* e cinque *gloriosi*. Papa Leone XIII, nelle sue celebri Encicliche, raccomandò molto la recita quotidiana del Rosario in tutte le famiglie.

205. *Che cos'è la Corona dei Sette dolori?*

La *Corona dei Sette Dolori* è una forma di preghiera simile al Rosario, consistente nella recita di sette poste con sette *Ave Maria* ciascuna, in memoria dei sette principali dolori di Maria, i quali vengono piamente meditati, uno in ciascuna posta.

206. *Dite in breve la storia della Corona dei Sette dolori.*

Quanto alla sostanza, risale, con ogni probabilità, ai sette Ss. Fondatori dell'Ordine dei Servi di Maria (secolo XIII) destinato, dalla Vergine stessa, a tener vivo nella Chiesa il ricordo dei dolori da Lei sofferti per la redenzione del genere umano. Vari Sommi Pontefici l'hanno arricchita di molte indulgenze.

207. *Qual è il giorno particolarmente consacrato a Maria?*

Il giorno particolarmente consacrato a Maria è il Sabato[57] di ogni settimana, come la Domenica è il giorno consacrato particolarmente al Signore.

208. *Ditemi in breve la storia del Sabato consacrato a Maria.*

Il Sabato cominciò ad essere consacrato a Maria verso il secolo X con Messa ed Officio proprio. Quello che ora si chiama *Sabato inglese*, non è altro che il Sabato di Maria, in onore della quale, in quel giorno, veniva concesso ai lavoratori un più lungo riposo. Papa S. Pio V, nelle sue riforme liturgiche, lasciò, per il Sabato, l'Officio e la Messa della Madonna.

209. *Ditemi del primo Sabato d'ogni mese.*[58]

---

57   *Cfr. Campana, Maria nel culto, vol. I, sez. II, cap. 1.*

58   *Cfr. Roschini G. M., La Riparazione Mariana, dottrina e pratica, Rovigo, 1943, ed. 2.*

Il 1° Sabato d'ogni mese è consacrato alla riparazione delle offese arrecate al Cuore Immacolato di Maria. Questa pia pratica, nella sua concreta forma attuale, risale al 1890, ed è dovuta alla Serva di Dio Suor Dolores Inglese (+29 dic. 1928) delle Serve di Maria Riparatrici di Adria. Nel Febbraio del 1889, spinta da un impulso irresistibile. Ella pensava la pia pratica della *Comunione riparatrice*, approvata ben presto dall'autorità Ecclesiastica, e ad essa aderirono subito oltre settecento pie Unioni di Figlie di Maria, in Italia e all'Estero, offrendo ininterrottamente sante comunioni riparatrici. Nel 1904 componeva alcune brevi orazioni da recitarsi ad ogni Mistero del Rosario, nonché prima e dopo l'ora di riparazione. Queste pie pratiche riparatrici, in quell'anno stesso 1904, venero arricchite di Indulgenze dal Santo Padre Pio X. Con l'ingresso della suddetta Serva di Dio nella Congregazione delle Serve di Maria di Adria, anche l'Opera della Riparazione Mariana passò a questo benemerito Istituto, il quale ha usato sempre ogni mezzo per propagarla dovunque. Ne è Organo il Periodico mensile *Lega Mariana Riparatrice*. Una luminosa conferma del gradimento della Regina del Cielo per l'Opera della Riparazione Mariana si è avuta recentemente nelle celebri apparizioni di Fatima (1917, *ndR*). La Riparazione alle offese arrecate di continuo all'Augusta Regina del Cielo e della terra, è, si può dire, al centro del famoso messaggio di Fatima. Ai pii pastorelli la Vergine stessa suggerì, quale esercizio di onorevole ammenda da Lei preferita: 1) *La Comunione Riparatrice il primo Sabato di ogni mese*; 2) *La recita del Santo Rosario*; 3) *L'Offerta al suo Cuore Immacolato delle sofferenze e azioni quotidiane in ispirito di Riparazione*. Promise inoltre di assistere nell'ora della morte, con le grazie necessarie all'eterna salvezza, tutti coloro che, coll'intento di riparare, nei primi cinque sabati di cinque mesi consecutivi si fossero confessati e comunicati, avessero recitato la terza parte del Rosario, meditando per un quarto d'ora sui misteri del medesimo. In tal modo la Vergine Santissima confermava a Fatima ciò che aveva ispirato a Rovigo. Fatima è l'eco di Rovigo.

210. *Quando incominciarono a celebrarsi nella Chiesa le feste (annuali) di Maria?*[59]

Le feste di Maria incominciarono a celebrarsi in Oriente nel secolo IV. Fino a quel tempo, infatti, la Vergine SS. venne liturgicamente onorata insieme a Gesù, poiché i misteri di Gesù e di Maria sono indissolubilmente congiunti.

211. *Qual è la prima festa liturgica istituita in onore di Maria?*

La prima festa liturgica istituita in onore di Maria è quella designata sotto il nome di *Memoria* o *Commemorazione di Maria SS.* celebrata in Oriente verso la metà del secolo IV, la Domenica avanti Natale, per onorare la maternità divina in generale ed in modo particolare la concezione verginale. Nel secolo V questa festa era passata di già in Occidente e veniva celebrata a Ravenna, a Milano, eccetera.[60] A questa prima festa susseguirono le feste della Natività di Maria, dell'Annunciazione, della Dormizione o Assunzione, della

---

59   *Cfr. Roschini G. M. La Madonna nella Liturgia, Ed. Ancora, 1942.*

60   *Cfr. Jugie M., in L'Osservatore Romano, 23-24, Novembre 1931.*

Purificazione, della Presentazione (secolo IV) e della Concezione (secolo VII).

212. *Quali sono le feste di Maria celebrate oggi in tutta la Chiesa?*

Le feste di Maria celebrate oggi in tutta la Chiesa sono sedici, vale a dire: l'Immacolata Concezione, la Purificazione, l'Apparizione della Vergine Immacolata a Lourdes, l'Annunciazione, l'Addolorata, l'Immacolato Cuore di Maria, la Visitazione, la Madonna del Carmine, l'Assunzione, la Natività di Maria, il Nome di Maria, i Sette dolori di Maria, la Madonna della Mercede, la Madonna del Rosario, la Maternità divina e la Presentazione di Maria al Tempio.

213. *Quali sono le principali feste di Maria celebrate soltanto in alcuni luoghi?*

Le principali feste di Maria celebrate soltanto in alcuni luoghi sono 21, e cioè: La Madonna del Buon Consiglio, Maria *Auxilium christianorum*, la Madonna della Consolazione, lo Sposalizio di Maria con S. Giuseppe, la Traslazione della S. Casa di Loreto, l'Aspettazione del Parto, la festa dell'Umiltà di Maria SS., la Medaglia Miracolosa, Maria *Mater pulchræ dilectionis*, la Madonna delle grazie, la Madonna dei miracoli, Maria Mediatrice di tutte le grazie, la Madonna della Misericordia, la Madonna del Buon Pastore, la Madonna del Perpetuo Soccorso, la Madonna della divina Provvidenza, la Purità di Maria, Maria rifugio dei peccatori, Maria Regina degli Apostoli, Maria Regina di tutti i Santi, Maria salute degli infermi. Oltre a queste, che sono le principali, ve ne sono innumerevoli altre. Nel *Calendario liturgico delle feste di Dio e di Maria Madre di Dio*, pubblicato recentemente da Holweck, (Filadelfia, S. U., 1925) si noverano circa 600 feste di Maria, disseminate in tutti i giorni dell'anno.

214. *Quali sono i mesi consacrati a Maria?*

I mesi consacrati a Maria sono tre: Maggio, Settembre ed Ottobre. Il mese di Maggio è consacrato alla Madonna in genere; il mese di Settembre è consacrato ai suoi dolori, e il mese di Ottobre al *Rosario*.

215. *Dite in breve la storia del mese di Maggio?*

Il mese di Maggio, in Occidente, sorse come reazione ai costumi pagani che, nel mese dei fiori, rifiorivano ovunque. Il primo ad associare al Maggio l'idea di Maria fu, a quanto sembra, Alfonso X Re di Spagna (1239-1284) nel secolo XIII, in una poesia che incomincia con le parole: «*Ben venga Maggio! ...*». Poco dopo, nel secolo XIV, il B. Enrico Susone O. P. (+ 1365), durante la stagione dei fiori, era solito intrecciare ghirlande per offrirle a Maria. Nel 1549 il Benedettino Volfango Seidl (+ 1562) pubblicava un libretto dal titolo: *Il Maggio spirituale*, nuova e più accentuata reazione alle profanazioni pagane del Maggio e primo abbozzo del mese Mariano. Anche S. Filippo Neri (+ 1595) era solito esortare i giovani a prestare particolari ossequi alla Vergine durante il mese di Maggio. Verso la fine del secolo XVII, a Napoli, nella Reale chiesa di S. Chiara, durante il mese di Maggio, si onorava ogni sera, per un'ora, la Vergine SS. con sacri cantici e con la benedizione eucaristica. Verso il medesimo tempo gli studenti Domenicani di Fiesole stabilirono la pratica di *cantare il Maggio alla Vergine SS.*, la donna del loro cuore. Nel 1701 estesero questo ossequio a tutte le feste del Maggio, ed in seguito fu stabilito che ogni giorno, in quel mese, si onorasse Maria. Questa pia pratica venne, per così dire, codificata dal veronese P. Annibaie Dionisi S. I. (1679-1754) nel suo libretto intitolato: *Il mese di Maria*, e poi dal P. Lalomia S. I. (1758) e dal P. Alfonso Muzzarelli (+ 1813). Nella prima metà del secolo XVIII la pia pratica incominciò a penetrare nelle Chiese ed oggi è diffusa in tutto il mondo.

216. *Ditemi in breve la storia del mese di Settembre.*

La devozione del mese di Settembre, sacro al culto dei dolori di Maria, incominciò a praticarsi nelle chiese dell'Ordine dei Servi di Maria verso la fine del secolo XIX, ed oggi è assai diffusa in varie nazioni.

217. *Ditemi in breve la storia del mese di Ottobre.*

La devozione del mese di Ottobre, occasionata dalle celebri apparizioni di Lourdes, trovò ben presto validi organizzatori nei Domenicani di Spagna e poi in quelli di Francia. Papa Leone XIII la rese obbligatoria per tutta la Chiesa.

218. *Che cos'è la Via Matris?*[61]

---

61   Cfr. *Manuale dì devozione all'Addolorata*, Roma, 1926. *La facoltà di erigere le stazioni della Via Matris (come pure la facoltà di benedire le corone e gli scapolari dell'Addolorata) va chiesta al Rev.mo P. Generale dell'Ordine dei Servi di Maria, Via*

La *Via Matris* è un devoto esercizio analogo a quello della *Via Crucis*, consistente in sette stazioni nelle quali si contemplano i sette principali dolori di Maria.

219. *Ditemi in breve la storia della Via Matris.*

La *Via Matris* ha avuto origine nell'Ordine dei Servi di Maria all'alba del secolo XIX. I pontefici Gregorio XVI, Leone XIII e Pio X (santo, *ndR*) l'hanno arricchita di indulgenze, ed oggi è diffusissima, specialmente in America.

220. *Che cosa sono i Congressi Mariani?*[62]

I Congressi Mariani sono solenni riunioni parrocchiali, diocesane, regionali, nazionali o internazionali, nelle quali vengono studiati, e poi concretati in voti, i vari problemi riguardanti il dogma ed il culto di Maria SS. Il comune programma di tutti i Congressi Mariani è fondato su tre capisaldi: Maria studiata; Maria onorata; Maria imitata.

221. *Quali sono i principali Congressi Mariani celebrati finora?*

Aprì la serie dei congressi Mariani Livorno, nel 1° agosto del 1895. Ideato da un modesto sacerdote di Nugula, il P. Beniamino Scajano, promosso con vero entusiasmo dal Vescovo della Città, Mons. Leopoldo Franchi, approvato ed incoraggiato da Leone XIII con un *Breve* e poi con una

---

S. Marcello, n. 20 a Roma. Annotazione aggiornata al 1944, ndR.

62   *Cfr. Campana, Maria nel culto, vol. II, sez. VI, cap. 1-4.*

Lettera autografa al suo Presidente, vi si interessò tutto l'Episcopato Italiano, mentre le donne cattoliche d'Italia assicurarono il compito di sopperire alle non lievi spese occorrenti. I temi trattati, distribuiti in quattro gruppi, furono: l'influsso di Maria nella società, le vittorie ed i benefizi di Maria in suo favore; la gratitudine della società a Maria; Maria e l'Italia. Al congresso nazionale di Livorno fece seguito quello di Firenze (nel 1897), quello di Torino (nel 1898), quello di Lione (nel 1900), quello Bretone (serie di congressi, dal 1904 al 1924), quello di Barcellona (nel 1918), quello di Bogotà (nel 1919), quello di Bruxelles (nel 1921), quello di Chartres (nel 1927), quello di Siviglia (nel 1929), quello di Lourdes (nel 1930), quello di Roma (nel 1931), quello di Portland (nel 1934), quello di Boulogne-sur-mer (nel 1938), quello di Saragozza (nel 1940) e quello di Bogotà (nel 1942). I Congressi Mariani internazionali celebrati finora sono sei: quello di Friburgo (nel 1902), quello di Roma (nel 1904) in occasione del 50° anniversario della definizione del dogma dell'Immacolata, quello di Einsieldeln (nel 1906), quello di Saragozza (nel 1908), quello di Salzburg (nel 1910) e quello di Treviri (nel 1912).

222. *Quali sono i principali Ordini e Congregazioni religiose dedicate particolarmente a Maria?*[63]

I principali Ordini e Congregazioni religiose dedicate particolarmente a Maria sono: i Carmelitani o Frati di S. Maria del Monte Carmelo (approv. nel 1226); i Mercedari (1218); i Servi di Maria (1233); i Chierici Regolari della Madre di

---

63   Cfr. *Annuario Pontificio aggiornato all'epoca di P. Roschini, ndR.*

Dio (1574); i Preti Missionari della Compagnia di Maria o Monfortani (1705); gli Oblati di Maria Immacolata (1816); gli Oblati di Maria Vergine (1815); la Società di Maria o Maristi (1822); la Società di Maria o Marianisti (1817); i Figli di Maria Immacolata o Pavoniani (1821-1847); gli Agostiniani dell'Assunzione o Assunzionisti (1845); i Figli della B. V. Immacolata di Luçon (1828); i Missionari Figli del Cuore Immacolato di Maria o Claretiani (1849); i Missionari dell'Immacolata di Lourdes (1848); i Canonici Regolari dell'immacolata Concezione (1866); i Missionari di Nostra Signora della Salette (1852); i Sacerdoti di S. Maria di Tinchebray (1851); la Congregazione del Cuore Immacolato di Maria o Missionari di Scheut (1862); i Religiosi Terziari Cappuccini di Nostra Signora Addolorata (1889); i Figli di Maria Immacolata (1866); la Congregazione dei Chierici Regolari Mariani (1670); i Fratelli di Nostra Signora della Misericordia (1839); i Piccoli Fratelli di Maria o Maristi delle Scuole (1817); i Fratelli Ospitalieri Figli dell'Immacolata Concezione o Concezionisti (1857). Parecchi di questi Istituti hanno anche il ramo femminile.

223. *Quali sono i principali Terzi Ordini strettamente Mariani?*

I principali Terzi Ordini strettamente mariani sono il Terz'Ordine Carmelitano e il Terz'Ordine dei Servi di Maria.

224. *Quali sono le principali Confraternite Mariane?*

Le principali Confraternite Mariane sono: la Confraternita del Rosario, dell'Addolorata, della Madonna del Carmine, della Madonna delle Grazie, del Cuore Immacolato di Maria, di Maria Consolatrice, di Maria Regina dei Cuori, di Nostra Signora del S. Cuore, di N. Signora del SS. Sacramento, di N. Signora della Buona Morte, della Madre della Divina Provvidenza, e delle Tre Ave Maria.

225. *Qual è la principale Pia Unione per le giovani?*[64]

La principale Pia Unione per le giovani è la Pia Unione delle Figlie di Maria, domandata dalla Madonna stessa nell'Apparizione alla B. Caterina Labouré nel 1830 e diffusa poi largamente in tutto il mondo.

226. *Quali sono le principali associazioni di Maria per i giovani?*

Le principali Associazioni Mariane per i giovani sono: 1) le Congregazioni Mariane, fondate dai PP. Gesuiti e diffuse in tutto il mondo[65]; 2) La Legione di Maria fondata recentemente in Irlanda e diffusa in varie parti del mondo; 3) la Milizia dell'Immacolata, fondata 25 anni fa dal P. Massimiliano Kolbe, Minore Conventuale.

227. *Quali sono i principali Scapolari Mariani?*[66]

I principali Scapolari Mariani sono: lo Scapolare del Carmine, lo Scapolare dell'Addolorata, lo Scapolare bianco dei Mercedari, lo Scapolare ceruleo dell'Immacolata, lo

---

64   *Cfr. Campana E., Maria nel culto, vol. II, sez. V, cap. 2.*

65   *Ibid., cap. I.*

66   *Ibid., sez. IV, cap. 5, art. 1.*

Scapolare della Vergine Aiuto degli Infermi, lo Scapolare del Cuore Immacolato di Maria, lo Scapolare della Madonna del Buon Consiglio, lo Scapolare dei SS. Cuori di Gesù e di Maria, ecc.

228. *Quali sono i principali Santuari Mariani, meta di pellegrinaggi?*

I principali Santuari Mariani, meta di continui pellegrinaggi e fonti di grandi prodigi sono: il Santuario di Lourdes in Francia, di Fatima nel Portogallo, di Loreto, di Pompei e di Monteberico in Italia, di Einsiedeln nella Svizzera, della Madonna del Pilàr nella Spagna, di Nostra Signora di Guadalupe nel Messico, di Czestochowa in Polonia, ecc.

229. *Qual è l'atto di culto Mariano che sintetizza tutti gli altri?*

L'atto di culto Mariano che sintetizza tutti gli altri è la consacrazione, ossia la dedizione totale e perenne della Chiesa e di tutto il genere umano a Maria, compiuta dal S. Padre Pio XII il 31 Ottobre 1942[67]. Quest'atto è il più grande tributo di omaggio alla Vergine e segna il vertice del culto mariano. È necessario però che ciascuno lo compia o lo rinnovi personalmente e lo viva poi intensamente, facendo tutto con Maria e per Maria, onde far meglio tutto con Dio e per Iddio, fine ultimo di qualsiasi atto di culto.[68]

---

67   *Ibid., art. 2.*

68   *Cfr. Roschini G. M., La Consacrazione a Maria. Come intenderla, come viverla, Brescia, Ed. Ancora, 1943 — B. Grignion de Montfort, Trattato della vera devozione alla SS. Vergine — Franzi F., Prontuario per la consacrazione della Parrocchia al Cuore Immacolato di Maria, Casale Monferrato, 1943.*

IC XC
LOGOS

Le principali preghiere a Maria Santissima[69]

230 - 235

230. *Ave Maria o Salutazione Angelica.*

Ave, Maria, gratia piena: Dominus tecum: benedicta tu in mulieribus, et benedictus fructus ventris tui, Jesus. Sancta Maria, Mater Dei, ora pro nobis peccatoribus, nunc et in hora mortis nostrae. Amen.

Ave, o Maria, piena di grazia: il Signore è teco: tu sei benedetta fra le donne, e benedetto è il frutto del ventre tuo, Gesù. Santa Maria, Madre di Dio, prega per noi peccatori, adesso e nell'ora della nostra morte. Così sia.

231. *Salve Regina.*

Salve, Regina, Mater Misericordiæ; vita, dulcedo et spes nostra, salve. Ad te clamamus exules filii Hevæ. Ad te suspiramus gementes et flentes in hac lacrimarum valle. Eia ergo, advocata nostra, illos tuos misericordes oculos ad nos converte. Et Jesum,

---

69 *Per una corposa raccolta di preghiere, devozioni e suppliche alla Vergine Maria — non manomesse dai modernisti — consiglio: Il mio libro di preghiere, Centro Librario Sodalitium, Verrua Savoia, 2010, pagine 768 (da 337 a 413), a cura dell'Istituto Mater Boni Consilii, ndR.*

benedictum fructum ventris tui, nobis post hoc exilium ostende. O clemens, o pia, o dulcis Virgo Maria.

Salve, o Regina, madre di misericordia; vita, dolcezza e speranza nostra, salve. A te ricorriamo esuli figli di Eva; gementi e piangenti in questa valle di lacrime a te sospiriamo. Orsù dunque, avvocata nostra, rivolgi a noi quegli occhi tuoi misericordiosi. E mostraci dopo questo esilio Gesù, il frutto benedetto del ventre tuo, o clemente, o pietosa, o dolce Vergine Maria.

232. *L'Angelus Domini.*[70]

Angelus Domini nuntiavit Mariæ; et concepit de Spiritu Sancto. Ave Maria, etc.

L'Angelo del Signore annunziò a Maria, ed ella concepì di Spirito Santo. Ave Maria, ecc.

Ecce ancilla Domini; fiat mihi secundum verbum tuum. Ave Maria, etc.

Ecco l'ancella del Signore; si faccia di me secondo la Tua parola. Ave Maria, ecc.

Et Verbum caro factum est et habitavit in nobis. Ave Maria, etc.

E il Verbo si fece carne, e abitò fra noi. Ave Maria, ecc.

---

70   *Indulgenza di 10 anni ogni volta. Plenaria una volta recitandolo per un intero mese al mattino, al mezzogiorno ed alla sera.*

V. *Ora pro nobis, sancta Dei Genitrix.*

V. Prega per noi, o santa Madre di Dio.

R. *Ut digni efficiamur promissionibus Christi.*

R. Affinché ci rendiamo degni delle promesse di Cristo.

Oremus: Gratiam tuam, quæsumus, Domine, mentibus nostris infunde, ut qui Angelo nuntiante Christi Filii Tui Incarnationem cognovimus, per Passionem ejus et Crucem ad Resurrectionis gloriam perducamur. Per eundem Christum Dominum nostrum. Amen.

Preghiamo: Infondi, Signore, nelle nostre menti la Tua grazia, perché noi, che per l'annunzio dell'Angelo conoscemmo l'incarnazione di Cristo Tuo Figlio, arriviamo per i meriti della sua Passione e Croce alla gloria della Resurrezione. Per Gesù Cristo nostro Signore. Così Sia.

3 x Gloria Patri et Filio et Spiritui Sancto. Sicut erat in principio et nunc et semper et in saécula sæculórum. Amen.

3 x Gloria al Padre, al Figlio e allo Spirito Santo. Come era nel principio e ora e sempre nei secoli dei secoli. Così sia.

1 x Réquiem ætérnam dona eis, Dómine, et lux perpétua luceat eis. Requiéscant in pace. Amen.

1 x L'eterno riposo dona loro, o Signore, e splenda ad essi la luce perpetua. Riposino in pace. Così sia.

233. *Misteri del Santo Rosario.*[71]

MISTERI GAUDIOSI
Per il Lunedì e il Giovedì

Nel primo mistero gaudioso si contempla come la Vergine Santissima fu annunziata dall'Arcangelo Gabriele, che doveva concepire e partorire Gesù Cristo Signor nostro.

Nel secondo si contempla come la Vergine Santissima andò a visitare Santa Elisabetta e si trattenne con essa tre mesi.

Nel terzo si contempla come, essendo giunto il tempo, Maria Vergine diede alla luce, nella città di Betlemme il nostro divin Redentore nella mezzanotte, e lo pose tra due animali nel presepio.

Nel quarto si contempla come la Vergine Santissima, nel giorno della sua Purificazione, presentò Gesù Cristo Signor nostro nel Tempio nelle braccia del vecchio Simeone.

---

71 *Indulgenza di 5 anni per ogni terza parte e del doppio una volta al giorno se si recita in comune con corona benedetta. Indulgenza plenaria ogni volta che si recita la terza parte innanzi al SS. Sacramento.*

Nel quinto si contempla come la Vergine Santissima, avendo smarrito il suo divin Figliuolo e cercatolo per tre giorni, alla fine del terzo giorno lo ritrovò nel tempio tra i Dottori che disputava, essendo di anni dodici.

MISTERI DOLOROSI
Per il Martedì e il Venerdì

Nel primo mistero doloroso si contempla come Gesù Cristo, facendo orazione nell'orto, sudò sangue.

Nel secondo si contempla come Gesù Cristo fu crudelmente flagellato in casa di Pilato, e gli furono date innumerevoli battiture.

Nel terzo si contempla come Gesù Cristo fu coronato di pungentissime spine.

Nel quarto si contempla come Gesù Cristo fu condannato a morte e per sua maggior vergogna e dolore gli fu posto sopra le spalle il pesante legno della Croce.

Nel quinto si contempla come Gesù Cristo, giunto sul monte Calvario, fu spogliato e confitto in Croce con crudelissimi chiodi, sulla quale morì alla presenza dell'afflitta sua Madre.

MISTERI GLORIOSI
Per il Mercoledì, Sabato e Domenica

Nel primo mistero glorioso si contempla come Gesù Cristo il terzo giorno, dopo la sua Passione e Morte, risuscitò glorioso e trionfante per non mai più morire.

Nel secondo si contempla come Gesù Cristo quaranta giorni dopo la sua Risurrezione, salì al cielo con mirabile festa e trionfo, vedendolo la sua Madre Santissima con tutti i suoi Discepoli.

Nel terzo si contempla come Gesù Cristo sedendo alla destra del Padre, mandò lo Spirito Santo nel Cenacolo, dove erano gli Apostoli con Maria Vergine congregati.

Nel quarto si contempla come la Vergine Santissima, alcuni anni dopo la Risurrezione del Signore, passò da questa vita, e dagli Angeli fu assunta in Cielo.

Nel quinto si contempla come la Vergine Santissima fu coronata dal suo divin Figliuolo in cielo e si contempla ancora a gloria di Dio e di tutti i Santi.

234. *Litanie della Beata Vergine.*[72]

Kyrie, eleison.
Christe, eleison.
Kyrie, eleison.
Christe, audi nos.
Christe, exaudi nos.
Pater de cœlis Deus, miserere nobis.

---

72   *Indulgenza di 300 giorni ogni volta.*

Fili Redemptor mundi Deus, miserere nobis.
Spiritus Sancte Deus, miserere nobis.
Sancta Trinitas, unus Deus, miserere nobis.
Sancta Maria, ora pro nobis.
Sancta Dei Genitrix, ora pro nobis.
Sancta Virgo virginum, ora pro nobis.
Mater Christi, ora pro nobis.
Mater divinæ gratiæ, ora pro nobis.
Mater purissima, ora pro nobis.
Mater castissima, ora pro nobis.
Mater inviolata, ora pro nobis.
Mater intemerata, ora pro nobis.
Mater amabilis, ora pro nobis.
Mater admirabilis, ora pro nobis.
Mater boni consilii, ora pro nobis.
Mater Creatoris, ora pro nobis.
Mater Salvatoris, ora pro nobis.
Virgo prudentissima, ora pro nobis.
Virgo veneranda, ora pro nobis.
Virgo prædicanda, ora pro nobis.
Virgo potens, ora pro nobis.
Virgo clemens, ora pro nobis.
Virgo fidelis, ora pro nobis.
Speculum iustitiæ, ora pro nobis.
Sedes sapientiæ, ora pro nobis.
Causa nostræ laetitiæ, ora pro nobis.
Vas spirituale, ora pro nobis.
Vas honorabile, ora pro nobis.
Vas insigne devotionis, ora pro nobis.
Rosa mystica, ora pro nobis.

Turris davidica, ora pro nobis.
Turris eburnea, ora pro nobis.
Domus aurea, ora pro nobis.
Fœderis arca, ora pro nobis.
Ianua cœli, ora pro nobis.
Stella matutina, ora pro nobis.
Salus infirmorum, ora pro nobis.
Refugium peccatorum, ora pro nobis.
Consolatrix afflictorum, ora pro nobis.
Auxilium christianorum, ora pro nobis.
Regina Angelorum, ora pro nobis.
Regina Patriarcharum, ora pro nobis.
Regina Prophetarum, ora pro nobis.
Regina Apostolorum, ora pro nobis.
Regina Martyrum, ora pro nobis.
Regina Confessorum, ora pro nobis.
Regina Virginum, ora pro nobis.
Regina Sanctorum omnium, ora pro nobis.
Regina sine labe originali concepta, ora pro nobis.
[Regina in cælum assumpta, ora pro nobis.]
Regina sacratissimi Rosarii, ora pro nobis.
Regina pacis, ora pro nobis.
Agnus Dei, qui tollis peccata mundi, parce nobis, Domine.
Agnus Dei, qui tollis peccata mundi,
exaudi nos, Domine.
Agnus Dei, qui tollis peccata mundi,
miserere nobis.

Oremus: Concede nos famulos tuos, quæsumus Domine
Deus, perpetua mentis et corporis sanitate gaudere: et, gloriosa beatæ

Sub Tuum praesidium Immaculata

Mariæ semper Virginis intercessione a prsesenti liberali tristitia, et æterna perfrui lætitia. Per Christum Dominum nostrum. Amen.

Preghiamo: Concedi a noi tuoi servi, o Signore Dio, continua sanità di anima e di corpo; per l'intercessione della gloriosa sempre Vergine Maria liberaci dalla tristezza presente e facci gustare la gioia eterna. Per Cristo nostro Signore. Così sia.

235. *Corona dei sette Dolori di Maria Santissima.*[73]

Nel primo dolore si contempla la profezia del santo Vecchio Simeone. Un *Pater* e sette *Ave.*

Nel secondo dolore si contempla la fuga della Vergine SS. in Egitto. Un *Pater* e sette *Ave.*

Nel terzo dolore si contempla lo smarrimento di Gesù dodicenne nel tempio di Gerusalemme. Un *Pater* e sette *Ave.*

Nel quarto dolore si contempla l'incontro della Vergine SS. con Gesù lungo la via del Calvario. Un *Pater* e sette *Ave.*

Nel quinto dolore si contempla la crocifissione, l'agonia e la morte di Gesù alla presenza della sua SS. Madre. Un *Pater* e sette *Ave.*

---

73 *Indulgenza di sette anni e sette quarantene ogni volta che i fedeli reciteranno la corona dell'Addolorata. Indulgenza plenaria una volta al mese, a coloro che la reciteranno ogni giorno, per lo spazio di un mese.*

Nel sesto dolore si contempla la deposizione di Gesù dalla croce sul grembo della sua SS.ma Madre. Un *Pater* e sette *Ave*.

Nel settimo dolore si considera il seppellimento di Gesù. Un *Pater* e sette *Ave*.

Tre *Ave Maria* in onore delle lacrime sparse dalla Vergine SS.ma nei suoi dolori per impetrare un vivo dolore dei nostri peccati.

SUB
TUUM PRÆSIDIUM
IMMACULATA

FINE

+ Ave Maria, gratia plena,
Dominus tecum, benedicta tu in mulieribus,
et benedictus fructus ventris tui, Iesus.
Sancta Maria, mater Dei, ora pro nobis peccatoribus,
nunc et in hora mortis nostrae. Amen.+

Indice degli articoli con numero di pagina[74]

---

74 *Diversamente dall'edizione originale, ho preferito numerare gli articoli progressivamente (dal numero 1 al 235), senza interruzioni di capitoli o paragrafi, ndR.*

D

E

F

I

so la Madonna è necessario per salvarsi? 95

Il culto di iperdulia differisce soltanto di grado o anche di specie dal culto di dulia? 84

In che modo dobbiamo dimostrare a Maria il nostro amore? 90

In che modo dobbiamo invocare Maria? 91

In che modo la Vergine SS. assiste in morte i suoi devoti? 94

In che modo la Vergine SS. protegge i suoi devoti durante la vita? 93

In che modo la Vergine SS. può dirsi Mediatrice, se uno soltanto - secondo S. Paolo - è il Mediatore tra Dio e gli Uomini, Gesù Cristo? 45

In che modo la Vergine

SS. ricolma di benefizi i suoi devoti dopo la morte? 94

In che modo si deve servire Maria? 91

In che senso la devozione a Maria SS. è necessaria per salvarsi? 96

In che senso la Madonna è essenziale al Cristianesimo? 9

In quale senso preciso la Vergine SS. viene detta vera Madre di Dio? 42

In qual modo la grazia dell'anima di Maria poté crescere di continuo, se fin dal primo istante della sua esistenza fu già piena di grazia? 70

In quante parti si può quindi dividere il Catechismo Mariano? 18

In quante sezioni, quindi,

Q

Sommario

Padre Gabriele Maria Roschini O.S.M.

Foto tratta dal Dizionario Enciclopedico di Mariologia - Rielaborazione Sursum Corda

+ Requiem aeternam dona ei, Domine, et lux perpetua luceat ei.
Requiescat in pace. Amen +

Stampato

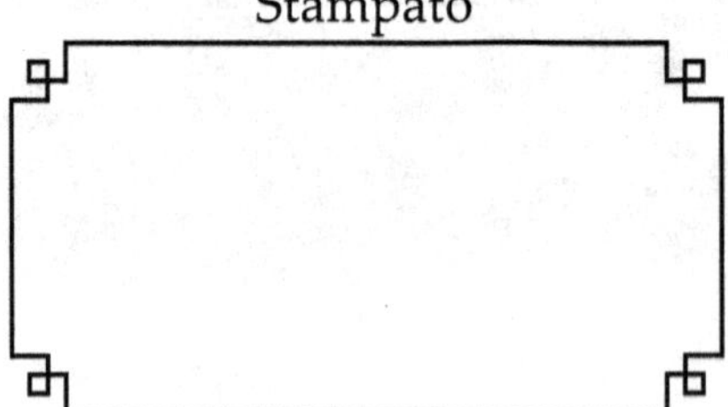

9 788889 007476 9